SOTANO

ROJO

Dedicado a esa dama, majestuosa, rica y productiva con un gran prospecto de futuro, que ha sido víctima de un terrible secuestro y abusos por veinte años...

Eres querida, amada y valiosa... Eres una gran mujer.

INDICE

1

La Obscuridad Roja

El infierno es siempre rojo y la obscuridad no siempre es negra, así era la vida de Anicorima. Anicorima estaba secuestrada y atrapada en una pesadilla sin fin, condenada a estar esclavizada a una vida sin sentido y sin poder ser ella misma, ni siquiera poder liberarse de las cadenas que la esclavizaban.

Imagina por un momento que haces un listado con todas aquellas cosas que odias, no soportas, te molestan y te incomodan. Que estas condenado a vivir todos los días de tu vida rodeado de aquellas recalcitrantes maldiciones, que no puedes hacer nada al respecto, solo te queda soportarlo y aguantar como puedas. No importa cuánto te esfuerces, no puedes cambiar la situación, estas condenado de por vida... minuto tras minuto, hora tras hora, día tras día, semana tras semana, mes tras mes, año tras año... sin que la pesadilla viviente termine, despiertas y nada ha cambiado.

Era un patético, miserable, paupérrimo, írrito, imberbe y sin sentido día decembrino del año 2016. Ese domingo era de elecciones de alcaldes y concejales, Anicorima estaba en una esquina observando un espectáculo muy lamentable, pero muy común en el sistema de Aleuzenev.

Ella estaba viendo uno de los puntos rojos, tiendas de campaña del Régimen donde las personas que votaban escaneaban su carnet rojo. Todo esto para controlar que los votantes con beneficios sociales fueran a votar por los candidatos del partido neocomunista que tenía diecisiete años atornillado en el poder del sistema de Aleuzenev. Al ellos validar su voto oficialista, les daban a cambio un pernil, un pollo o una bolsa de comida, a otros uno de los múltiples bonos especiales de seraviles devaluados que les daban a los zevachistas. Esto era normal en todas las elecciones que se hacían en Aleuzenev, ese chantaje y malvada manipulación a su gusto del Régimen Dictatorial del hambre y las necesidades más básicas de las personas, todo para sus crueles fines políticos de mantenerse en el poder.

Anicorima, nuestro personaje era una joven aleuzeviana de treinta y cuatro años, una joven muy hermosa, con muchas potencialidades de alcanzar la grandeza y el progreso...sin embargo estaba atrapada en ese infierno inherentemente eterno rojo y desgraciado. Ella vive en la ciudad de Sacarac, la capital de Aleuzenev, que ha tenido una Revolución Socialista como sistema de gobierno desde hace diecisiete años. Una ciudad capital tomada y secuestrada por este grupo criminal que no quería soltar el poder por las buenas, así se sentía Anicorima secuestrada y sin la posibilidad de ser libre.

Anicorima vivía obligada con su tío Ninle Yurmichael, un zevachista fanático, comunista y socialista. Estaba atrapada y acorde a sus reglas, sin poder ser ella misma. Su mejor amigo era Brigale, otro joven aleuzeviano de su misma edad, que curiosamente también vivía atrapado con su tía comunista; todo esto porque en Aleuzenev había una hiperinflación de 1.500.000% y ambos no podían comprarse un apartamento o casa, ni siquiera poder alquilar una habitación.

2

La Vida de Anicorima

Anicorima era una joven libertaria esclavizada por el ámbito comunista de su tío Ninle, estaba obligada a soportar estar en esa casa llena de cosas y adornos comunistas por todos lados.

Brigale era su mejor amigo y los dos estaban atrapados por el comunismo, los dos tenían un juego muy particular, el Régimen Socialista de los zevachistas habían destrozado la economía de Aleuzenev con medidas locas y absurdas, le había quitado ocho ceros a la moneda: *tres ceros en enero 2008 y otros cinco en agosto 2016.* Tomaban por ejemplo lo que cuesta hoy en día una salsa de tomate pequeña que era de 10.000 seraviles y multiplicaban el monto por 10.000.000 (los ocho ceros que le habían quitado), para determinar cuánto valía en algún mes del año 2007, antes de la sin sentido reconversión de los comunistas que manejan la economía, o sea *"seraviles de los viejos".* En este caso les daba 100.000.000.000 de seraviles de los viejos, los dos le daban rienda a la imaginación a ver cuántas salsas de tomate te podías comprar con la misma masa monetaria hace nueve años. Llegaron a la conclusión de que se podían comprar infinita cantidad de salsas de tomate y también muchos apartamentos de lujos si tuvieran esos 10.000 seraviles actuales en el año 2007.

Ambos eran víctimas de una suerte muy mala, les tocó vivir con un familiar zevachista, que verídicamente son una minoría en la actualidad de Aleuzenev. De los 30.000.000 de personas que conforman la población total de Aleuzenev, el 80% (24.000.000) estaban en contra del Régimen Comunista y desean un cambio. El restante 20% estaba dividido en dos grupos: Un 15% (4.500.000) que eran *"aparentes zevachistas",* lo eran en el papel, pero no en la realidad.

Personas dependientes del Régimen, de la caja de comida que les dan cada mes, bonos esporádicos, el pernil en diciembre, etc. Al depender del Estado para poder comer y subsistir, fingían ser zevachistas o lo parecían. El restante 5% (1.500.000) eran los *"zevachistas reales"* que quedaban, socialistas a muerte que daban la vida por el legado del difunto galáctico Zevach, creyentes en la Revolución Varliboriana del Siglo XXI. La tía de Brigale y Ninle eran parte de esa patética minoría comunista que quedaba en Aleuzenev, que la pasaban mal siendo humillados y vejados por el mismo Régimen que tanto defienden; sin embargo, culpaban y pensaban que la causa de su sufrimiento era por la oposición escuálida, por el imperialismo y la guerra económica.

Ella no soportaba a las personas F.A.B (Fanáticas, Alcohólicas y Brutas), su amigo Brigale pensaba igual que ella. Anicorima siempre se alejaba de personas que al menos tuviesen una de estas tres características, Ninle tenía las tres. Sin embargo, al ella depender de él tenía que soportarlo todos los días sin poder hacer nada para cambiarlo.

La F era por el fanatismo enfermo de Ninle por el líder Supremo Ortsac, el Che Ravague, sobre todo por su Dios: *El Comandante Supremo Zevach*. A pesar de su patética condición de carencias, ahogado por la hiperinflación, sin poder comer tres veces al día, con muchas horas en la semana sin agua, gas y luz eléctrica... eso no importaba. Para él eso era consecuencia del bloqueo y las sanciones del imperialismo y la guerra económica impulsada por la derecha fascista y escuálida. Para él la Revolución estaba siempre por encima de todo, *"Con hambre o desempleo, con Zevach me resteo, siempre rodilla en tierra"*. Al Anicorima estar forzada a convivir todos los días con alguien tan fanático y enfermo, eso hacía que ella odiara y considerara el fanatismo como de una de las peores cosas que existen en la galaxia.

La A era por su alcoholismo, para Anicorima era normal llegar a las seis de la tarde del trabajo y encontrarlo inconsciente y alcoholizado, tirado en el sofá, en la cama y a veces en el piso. En una ocasión lo encontró desnudo y levantado recostado de la pared, en otro día lo consiguió inconsciente desnudo sentado en el escusado, estaba completamente borracho iba a bañarse y se quedó dormido en su trono real.

Cuando Ninle se emborrachaba se ponía hablador y no paraba de decirle idioteces a Anicorima, repitiendo las cosas hasta diez veces sin darse cuenta de ello. A Anicorima la alteraba mucho en esos momentos, cuando Ninle borracho se ponía inconsciente y a hacer cosas sobre todo en la cocina, tenía que estar pendiente de que no rompiera ningún plato o vaso. Un día de esos ominosos momentos de borrachera celestial de Ninle, dejó la llave del agua abierta. Pusieron el agua a las siete de la noche mientras Ninle estaba inconsciente tirado en el sofá, Anicorima estaba en su cuarto con la puerta trancada y no escuchó el ruido del chorro de agua. Toda la cocina se inundó y Anicorima tuvo que estar dos horas sacando el agua, todo mientras Ninle seguía inconsciente en su sueño etílico.

Pero, el peor momento y el que más la asusto fue en ese mes de septiembre cuando calentó un plato de comida en el microondas y en vez de ponerle tres minutos puso treinta y tres estando borracho, se fue a echarse al sofá. Cuando Anicorima se dio cuenta se estaba quemando la comida y estaba echando humo el microondas, lo que casi ocasiona un incendio muy cerca de la cocina de gas.

Esa enfermedad alcohólica de Ninle también lo hacía muy irresponsable, por no poder dejar de beber. Por ejemplo, si Ninle tenía 15.000 seraviles y bajaba a hacer compras, gastaba 9.000 seraviles en una botella de cocuy de muy mala calidad y los restantes 6.000 seraviles entre yuca y auyama. Ninle irresponsablemente siempre lo hacía, era un alcohólico empedernido y no podía controlar ese vicio. Anicorima odiaba esto, por eso ella odiaba el alcoholismo. A los dos días le decía a Anicorima que tenía que comprar yuca con el poco dinero que le quedaba a ella luego de pagar el condominio. Así habían quedado ellos en su acuerdo: *Anicorima se encargaba del condominio y Ninle de la comida.*

La B era por la brutalidad de Ninle, que también siendo una víctima del socialismo no entendía que los estaban manipulando y utilizando, le seguía echando la culpa a la oposición que jamás había tenido ninguna cuota importante de poder en esos diecisiete años de revolución comunista. Ninle en su ceguera ideológica no se daba cuenta de la incapacidad del Régimen Socialista para atender las necesidades de la gente, de cómo el socialismo había destruido Aleuzenev, del plan del Régimen de mantenerse en el poder a toda costa, aunque maten al pueblo de hambre. Con solo culpar al imperio y a la oposición le bastaba, por cosas así es que Anicorima odiaba tanto la brutalidad de Ninle.

En el apartamento siempre tenían recortes de agua, normalmente el racionamiento era de lunes a viernes, por la escasez de agua en Aleuzenev. La ponían habitualmente desde las siete hasta las ocho de la noche, sólo por un espacio de una hora; algunas ocasiones solo ponían el agua por treinta minutos. Lo hacían de esta forma para racionar la poca agua que llegaba al tanque y así podían ponerla los sábados y domingos, los días completos.

Al llegar el agua Ninle salía corriendo a limpiar la montaña de ollas y platos sucios acumulados en el fregadero, también tenía que bañarse apresuradamente y recoger agua en ollas y envases plásticos grandes para cuando le hiciera falta el día siguiente. Por el apuro no les daba tiempo de encender el calentador de agua y esperar a que se caliente.

Esto Ninle lo consideraba normal en su adorada Revolución y nunca se quejaba, ya que según ella la falla del servicio de agua era por *"el saboteo del imperialismo, la oposición y la derecha internacional"*. Era lo opuesto con Anicorima, ella tenía el sentido común suficiente para darse cuenta de que no era una situación normal y no lo aceptaba. Le molestaba y le incomodaba mucho, el hecho de que no podía elegir algo tan simple como la hora a la que debía bañarse.

Antes la hora favorita de Anicorima eran las cinco de la mañana cuando se despertaba para salir al trabajo y se bañaba con agua caliente; y ya no podía hacerlo, porque nunca había agua a esa hora. Además, ella odiaba el agua fría y siempre prefería hacerlo con el calentador de agua encendido. Esta era otra modalidad del Régimen Comunista para coartar las libertades de los aleuzevianos, los tenían controlados con la escasez de agua, luz eléctrica entre otras cosas.

Para Anicorima comer era una situación muy incómoda, tenía que comer a la hora y lo que Ninle le mandaba, no la dejaba cocinar o elegir que cosas iban a consumir en la cena diaria de las siete de la noche. Casi siempre era lo mismo: *Arroz, pasta y lenteja*. Era lo que más venía en la caja de comida Clap y era lo que había para comer, junto con arepas de yucas y las conchas de la yuca frita. Anicorima odiaba comerse las conchas fritas no le gustaba el sabor a quemado, amargo y tostado que tanto Ninle adoraba. Ella se acostumbró a comer muy rápido, en diez minutos terminaba y dejaba su plato en el fregadero, para irse lo más rápido de allí y no ver más a Ninle durante la noche.

Había veces en que Ninle se inspiraba haciendo té de todo tipo: *con las conchas de limón, conchas de mandarina, conchas de naranja, limón rallado*. Una vez hizo té con los pelos del maíz, ante esto y para que Ninle no sospechara el odio que sentía Anicorima por él y su situación de encierro, no podía decirle que no y siempre le aceptaba el té, se lo tenía que tomar a pesar de que no le gustara nada. Ya se había acostumbrado a fingir ante Ninle, hacía muy bien su papel de sobrina fiel, aunque por dentro lo odiase y solo deseaba liberarse de su yugo y no verlo más nunca, lo cual no podía hacer porque dependía de él.

Para ella los días de la semana eran los mejores porque el trabajo la mantenía alejada de Ninle, en cambio los fines de semana eran horribles: *Tenía que estar todo un día con Ninle.* Por la crisis económica no tenía suficiente dinero para ir al centro comercial, comerse un helado, ir al cine, era imposible por el alto costo de la vida de Aleuzenev.

Anicorima había empezado a trabajar los sábados desde la mañana hasta la tarde. Ninle se quejaba y le decía que descansara y que no fuese a trabajar. Ella no le hacía caso, le gustaba estar todo el día afuera y sin ver a Ninle. Sentía algo de libertad ese sábado y lo disfrutaba mucho. Por eso también le encantaba trabajar, para ella era una salvación pasar un día de lunes a viernes afuera gran parte del día para no verlo y desconectarse un poco de su dominación, aunque a las seis de la tarde le tocaba volver a revivir su infierno rojo de todos los días.

Ninle emocionado le manda un SMS a Anicorima: *"Llegó la Caja de Clap".* Como era habitual esa tarde al salir del trabajo, tenía que subir al taller mecánico donde repartían las cajas de comida. Ninle le estaba esperando en la entrada de taller con todo metido en dos bolsos grandes, así se dividían entre los dos el peso de toda la comida.

La caja de Clap tenía básicamente lo siguiente:

- 2 litros de Aceite.
- 2 kg de Leche en Polvo.
- 1 mayonesa pequeña.
- 1 salsa de tomate pequeña.
- 3 kg de Lentejas.
- 3 kg de Caraotas Negras.
- 3 kg de Pasta.
- 1 kg de Harina de Trigo.
- 1 kg de Harina de Maíz.

No era siempre así, las cajas de comida siempre venían abiertas. Unas veces venían ocho latas de atún y otras un kilo de azúcar. En otras ocasiones no venía ni mayonesa ni salsa de tomate. Era algo así como una lotería.

Ambos bajaban hacia el apartamento en total silencio, Ninle iba más lento por su edad y Anicorima que era más joven iba a un paso más rápido, por delante. En su mente fantaseaba que estaba escapando de él hacia su libertad. Ella siempre llegaba de primero, colocaba las cosas en la mesa y se iba rápido a su habitación; ponía la música de la radio con sus audífonos para aislarse del mundo y de todas las incomodidades que estaba obligada a soportar. Se sentía atrapada en un círculo vicioso, de verdad quería escaparse de allí.

Así transcurría la vida de Anicorima, estaba atrapada y anhelaba la libertad, el solo hecho de estar en esa casa y sin poder hacer lo que ella desearía era una tortura psicológica que debía sufrir en carne propia. Constantemente estaba de pie viendo por la ventana de su cuarto hacia afuera deseando ser libre con una lagrima que bajaba de su ojo, quería escaparse, no estar allí, quería alejarse del comunismo-socialismo que la ahogaba, pero no podía hacerlo.

3

Su amigo Brigale también está secuestrado

Brigale era el mejor amigo de Anicorima, ambos tenían la misma edad y muchos sueños de libertad. Ella era arquitecto, Brigale era contador público, ambos compartían la desdicha de vivir en una situación de dependencia de tíos comunistas, en su caso era su tía zevachista de la cual dependía.

Brigale odiaba a su tía, no soportaba su presencia, sin embargo, no podía hacer nada remediar la situación. Vivía siempre reprimiendo todo su ser, sin poder expresarse o ser él mismo en todo momento. Todo lo que él quería era escapar, ser libre y no verla más nunca. Estaba obligado a soportar sus mierdas todos los días, dependía de ella y no podía quejarse. Sentía que era torturado psicológicamente todos los días que estaba allí, oyéndola hablar sin cesar pendejadas todo el tiempo, él estaba obligado a escucharla sin poder quejarse. El pensamiento recurrente que tenía en su mente era: *"Maldita como te odio, déjame en paz".*

No podía tener una vida normal y comprarse una casa propia, por la complicada situación económica e hiperinflacionaria de Aleuzenev. Era algo imposible, los jóvenes aleuzevianos tenían que resignarse a estar arrimados con familiares y viviendo bajo las reglas de ellos. Tanto Anicorima como Brigale, tenían treinta y cuatro años y toda su vida de adultos estaban atrapados en el comunismo, no tenían acceso a tener una casa o una vida propia. Los dos estaban secuestrados y sin libertades, poder vivir a su manera... así vivía la juventud de Aleuzenev.

Brigale se levanta a las cinco de la mañana para ir al trabajo, se afeita interdiario (un día sí y un día no), esto se debe a que las afeitadoras desechables son muy costosas en Aleuzenev por la hiperinflación de más de 1.500.000%. Por tal motivo trataba de gastarlas lo menos posible. Cuando se cepillaba los dientes le ponía solo un puntico de pasta dental en su cepillo, para gastar lo menos posible para que le dure más tiempo; igual caso que con las afeitadoras, es casi imposible poder costear una pasta dental en Aleuzenev.

En Aleuzenev si se te terminan cosas como: *champú, desodorante, pasta dental, papel sanitario, la barra de jabón de baño o se te quema un bombillo.* Es casi imposible poder volver a comprar otro por la hiperinflación, esta era la historia de terror diaria que debían sufrir los aleuzevianos por el comunismo.

Se humedece la cara con agua que tiene recogida en un envase grande de plástico, en el apartamento siempre cortan el agua por horas, a veces hasta por varios días estaban sin agua. Peor es con los que viven en las ciudades del interior, allí pasaban semanas y hasta meses sin agua, sin contar el tiempo que pasan sin luz eléctrica.

Le gustaba esa hora porque su tía fanática Zevachista (al igual que Ninle, tenía el apartamento decorado con afiches y cosas zevachistas y comunistas), estaba dormida y no la veía. Era una buena forma de empezar la mañana, en su mente imaginaba que ella no existía. Solo una ocasión él se asustó, cuando ya estaba listo para abrir la puerta y caminar hacia la estación del subterráneo de Sacarac. Eran las seis de la mañana y se quedó paralizado, justo antes de abrir la puerta oyó pasos. Dentro de sí mismo pensaba: *"Por favor lárgate, no vengas hacia acá, solo acuéstate, no quiero verte ni oír tu voz".* Ella se había levantado, se prende la luz de la cocina, camina por el pasillo. Pasan cinco minutos, y ella se vuelve a acostar. Nervioso y alterado, espera a unos dos minutos más cerciorándose que se acostó en su cama. Tomas las llaves en su mano y se va lo más rápido posible.

Camino hacia el Subterráneo de Sacarac siempre se encuentra una persona buscando comida en la basura, algo normal en la Aleuzenev zevachista, aunque el Régimen Comunista siempre se la pase negando la crisis humanitaria. Estando ya en el andén esperando el tren ve la cantidad exagerada de propaganda roja y falsa comunista dentro de las instalaciones. Algunas decían lo siguiente:

Usuarios y usuarias del Subterráneo, es para el beneficio de todos y todas.

Aquí no se habla mal de Zevach.

Con Zevach el pueblo en el gobierno.

Vivir en socialismo, disminuyó la mortalidad infantil.

Gran Misión Agro Aleuzenev, Producir Alimentos con y para el pueblo.

No al Facismo, 60 unidades destruidas y restauradas por la revolución.

Hecho en Socialismo, Aceites Diana,
476 de toneladas producidas.

El Subterráneo de Sacarac es de todos
y de todas.

Sumando beneficios para la
comunidad.

Logros que solo son posibles, gracias a
un gobierno socialista.

Brigale trabajaba con la parte de los Impuestos y en una ocasión le toco ir al SAT (Servicio de Aduanas y Tributos), para hacer una reclamación por una retención de Impuesto sobre la Renta que había que modificar en el portal del SAT. Le sorprendió la cantidad de propaganda roja y comunista que había dentro, se sentía muy incómodo allí, en la entrada estaban estos dos carteles:

Somos leales a Zevach.

> En esta gerencia no se habla mal de
> Zevach.

Mas al fondo habían dos carteles más de propaganda comunista:

> Presidente Zevach, Venceremos.

> Sistemas de Aduanas y Tributos
> Socialistas.

Había un mural muy grande con fotos del Dictador Zevach y Yeir Oromud, dentro en las oficinas había una foto de Zevach en cada esquina, los fondos de pantalla de las computadoras del personal también tenían una foto de Zevach. Por eso el odiaba tanto ese populismo, zevachismo mesiánico, parecía más una secta o un grupo religioso, Brigale consideraba esto muy exagerado y enfermizo. Para colmo tenía ganas de orinar, no había agua y los baños estaban muy sucios y malolientes.

Al igual que Anicorima, Brigale también detestaba los fines de semana, el sábado se quedaba encerrado en su cuarto oyendo a todo volumen una estación de radio que no le gustaba (la única que no pasaba reguetón, que tanto él odiaba), de cierto modo esto lo protegía un poco del dominio de su tía comunista. El sábado en la mañana iba rápido a las siete de la mañana a buscar tres arepas de yuca mojadas con aceite y sal, a su tía no le importaba que no les alcanzara el dinero para comprar una mantequilla, decía que ponerle aceite comestible con sal era lo mismo. Normalmente él hacía esto o le echaba sal o adobo a la arepa de yuca para que tuviese algo de sabor. El dinero no alcanzaba por la hiperinflación para comprar algo para untar como mayonesa, mantequilla, mermelada, queso fundido… así era lo cosa. Ni decir de jamón o queso, eso era imposible de comprar en Aleuzenev.

Brigale lo colocaba en un plato y con dos vasos llenos de agua, se los llevaba a su cuarto. Ya tenía el problema resuelto de no tener que salir del cuarto para ver a su tía. Había momentos en que ella se despertaba antes de él, a Brigale se le quita el apetito al ver que ella se había despertado. Mas tarde buscaba dos arepitas de yuca se las metía en el bolsillo, para volver al cuarto a encerrarse. A las cinco de la tarde le esperaba el almuerzo de siempre: *Arroz, Pasta y Lentejas*. Solo se comía lo que venía en la Caja Clap, igual que en la casa de Anicorima. Muy poca gente podía comer proteínas animales como carne y pollo en Aleuzenev, muy caro para poder comprarlo.

Su tía le decía cosas como: "*Ya se nos viene un bono, esta semana me pagan el bono del Niño Jesus y la otra me cae el bono de los hogares de la patria. No te preocupes, solo espera a que me paguen*". Brigale lo odiaba, él quería que Aleuzenev tuviera una economía normal y que el sueldo de una persona normal, le alcanzara para poder vivir; tal como es en un sistema normal. Detestaba el andar dependiendo de unos bonos ocasionales y la caja de comida de los zevachistas, solo para seguir manteniendo controlada y sometida a la gente.

Los domingos era día de limpieza, solo si habían puesto el agua. Su tía hacía la cocina y Brigale el resto de la casa. Primero pasaba un trapo sobre las mesas, barría y pasaba la mopa. Una ocasión de estar tanto tiempo reprimido y fingiendo ante su tía, tuvo un momento de rabia ocasional golpeando el palo de madera de la mopa varias veces contra la pata de la cama de un cuarto. Rompió el palo y tuvo que comprar uno nuevo con el poco dinero que le quedaba.

Brigale vivía atormentado por no ser libre y solo dormía cinco horas, habitualmente se quedaba dormido a las nueve de la noche y se despertaba a las dos de la mañana, ya no podía volver a conciliar el sueño. Si tenía ganas de orinar había unos envases grandes de helado guardados que usaba y después en la mañana desechaba la orina sin que su tía se diera cuenta, si salía de noche corría el riesgo de verla y no quería hacerlo. Pensaba para sus adentros: *"Por favor muérete ya, déjame en paz."*

Últimamente los domingos de limpieza, se levantaba a las seis de la mañana para hacerlo rápido, barrer y limpiar los baños antes de que ella se levante y así no la veía. Normalmente ella se despertaba a las ocho y treinta de la mañana, el ya terminaba todo y ya estaba en la radio con los audífonos, de forma que no la oiga limpiando la cocina. Era así hasta el mediodía, cuando ella le pasaba la mopa para limpiar el piso.

Antes él tenía una laptop, pero su tía se la daño, le infectó el disco duro. Primeramente, su tía había dañado el disco duro su propio PC, el cual estaba muy lento, estaba volviendo loco a Brigale. El ya no soportaba la insistencia de su tía y le instalo el Windows 7, el equipo se puso mucho más lento que antes y finalmente se murió el disco duro. Se vió obligado a darle su laptop para que lo dejase de fastidiar, a los pocos meses le volvió a infectar el disco duro y dejó de funcionar. Con la hiperinflación de 1.500.000% y con los precios seradolizados era imposible comprar un disco duro nuevo para ambos casos.

Brigale se sentía como esas computadoras, todo lo que su tía zevachista tocara lo cagaba (Igual paso con una maleta con rueditas de Brigale, que su tía le dañó las ruedas del lado izquierdo y ya no funciona), así era con su vida también, estaba cagada por su puto zevachismo de mierda, tenía que alejarse de ella si quería ser libre y poder sentirse bien.

Esto era un equivalente al efecto general que tenían los zevachistas que todo lo que han tocado lo han hecho mierda; así como, la Electricidad de Sacarac, Ciudades prosperas de Aleuzenev que ahora están destrozadas, el Subterráneo de Sacarac que está en total decaimiento, las compañías de servicios públicos ineficientes y quebradas... Todo lo que tocaban los zevachistas lo cagaban, eso es lo que han hecho con Aleuzenev, era una analogía perfecta de las vidas de Brigale y Anicorima.

En realidad, Brigale ocultaba un secreto de porque tenía tan poco dinero, había tenido un hijo no deseado el día 31 de diciembre del año 2011, nació durante los últimos diez minutos de ese año. De su quincena que no era tan alta, un poco por encima del salario mínimo, debía dar una parte para los gastos del niño. Aun así, de vez en cuando aportaba con algo de comida cuando hacía falta en el apartamento, un kilo de yuca o algo de sal.

La situación de hiperinflación le atormentaba demasiado, casi siempre el niño no comía bien o pasaba hambre, el dinero no alcanzaba para que él pudiese comer tres veces al día. En un mes particular tuvo que dejar de ir al colegio, porque Brigale no podía pagar más la mensualidad, en otra ocasión la subieron a 30 seradoles y él no los tenía. Mas tarde en ese mismo año los pies le crecieron y los zapatos que tenía le quedaban muy apretados al punto de destrozarle los pies. Los zapatos son muy costosos y casi imposibles de comprar en la Aleuzenev zevachista, los más económicos que consiguieron fueron por 150.000 seraviles y el dinero no le alcanzaba a Brigale. Le pusieron unas especies de sandalias negras, pero no dejaban ir al colegio al niño sin zapatos.

Otra lamentable anécdota ocurrió un viernes cuando su novia Loriema le envió un SMS a eso de las cuatro de la tarde que decía lo siguiente: "*Puedes mandarme 30.000 seraviles para comprar huevos o un kilo de queso. No hay comida, el niño no ha comido nada en todo el día*". Brigale se quedó frio y deprimido, no pudo trabajar más en el resto del día. Con mucha vergüenza le respondió que no tenía dinero, estaba muriéndose por dentro. Esa noche comió las lentejas y arroz con desanimo, le avergonzaba que su tía zevachista responsable de poner a esos criminales socialistas y narcotraficantes en el poder comía bien y su hijo no. Se acostó a las siete y treinta de la noche, cerró la puerta no quería verla más, quería que desapareciera.

Su novia Loriema estudiaba derecho en una universidad privada en la cual la situación del transporte era muy complicada. Todos los que tenían carro cobraban a los que no tenían para llevarlos a sus casas, en la noche o tarde luego de las clases. En una ocasión se tuvo que quedar a dormir en el baño de damas hasta el día siguiente por no tener dinero para pagarle a sus compañeros de clase por llevarla a su casa y salir de noche sola de la universidad era muy peligroso. Brigale no tenía los 2.000 seraviles que le estaban cobrando a ella. Tenía como única opción las perreras, erran unos camiones improvisados para transportar a gente, dada la crisis de transporte público en esa ciudad.

La vida de Brigale era también un infierno rojo, deseaba escapar y ser libre como su amiga Anicorima.

4

Anicorima en la Calle

En Aleuzenev se generaban miles de protestas por año, muchas veces había múltiples protestas por cosas de todo tipo al mismo tiempo. Hasta cientos todos los días en el afectado sistema de la Galaxia de Anaciremadus.

A Anicorima le gustaba salir a la calle cuando la gente protestaba para oír sus voces y dar a conocer lo que viven y lo que sufren la gente de Aleuzenev. No como decía el Régimen que siempre ocultaba la verdad, viviendo en su propia burbuja sin reconocer el sufrimiento de la gente que querían que se fueran del poder, por lo insostenible de su situación.

Primero ve a un hombre anciano llorando protestando por la obligación del carnet rojo, él le dice lo siguiente a Anicorima:

-Qué puedo hacer Dios mío, necesitamos que la Virgen María nos oiga, nadie nos oye ni el presidente del sistema. Ya me quitaron la pensión, hasta cuando tengo que soportar esto, mis días que me quedan de vida, lo que me queda es morirme de hambre, que como ahora, no tengo dinero...tengo que estar pidiendo a los vecinos y a la gente para poder subsistir. Cuarenta y cinco años pagando el seguro, para hoy estar desatendido y hambriento, ahora viene este señor a marcarnos como animales de granja. Yo estoy dispuesto a morir en la calle, que venga la policía y me maten, igual voy a morir de hambre ya no me importa. Por eso estoy manifestando el día de hoy.

A pesar de la inutilidad trata de calmarlo y lo abraza, intenta darle algo de ánimo en una situación tan difícil por la que pasa la tercera edad en Aleuzenev. Sigue caminando y habla con una joven que vio a morir su vecina de hambre. Le relata a Anicorima lo que vivió:

-Ayer murió una vecina desnutrida y por falta de comida, todo lo que hacía es comer mangos, a veces le llegaba la caja del CLAP otras veces no y no tenían nada que comer. Iban a un patio vecino a una mata y tumbaban magos para poder comer algo... hasta que falleció.

Después de despedirse de ella ve a unos médicos que estaban protestando, alcanza a hablar con uno de ellos y le explica las precarias condiciones que tienen que soportar en los hospitales de Aleuzenev:

-Yo soy médico, en el hospital donde trabajo no tenemos ni agua ni luz eléctrica para poder trabajar, catorce máquinas de diálisis dañadas y cada fin de semana mueren de dos a tres pacientes. La gente que viene por ejemplo a dializarse, se va la luz y tienen que regresar mañana a completar su sesión de dos horas y media. Son muchos pacientes para las pocas máquinas que tenemos disponibles.

Pasa un rato hablando con los médicos y posteriormente se une a un grupo de sindicalistas de la industria del aluminio. Ellos se quejaban del contrato colectivo y de cómo aun obtenían un sueldo de hambre. Uno de ellos le dice lo siguiente:

-Pretenden desconocer los contratos colectivos de los distintos gremios y sindicatos, si siguen así cercenando nuestro derecho a ganar un salario digno, entonces se viene la renuncia masiva de los profesionales.

-Estamos aquí, trabajamos con el aluminio y producimos lo que podemos. Nos han quitado todos nuestros beneficios por la discusión del contrato colectivo, tenemos nueve meses con las fabricas cerradas, no podemos producir ni una tonelada de aluminio.

En ese ínterin tan particular, consigue hablar con unas mujeres que se quejaban de lo complicado de las compras navideñas con la hiperinflación de Aleuzenev. Una señora con un vestido verde muy afable, le comenta lo siguiente:

-Nos han quitado nuestras navidades, este diciembre será muy malo por la crisis hasta tener que dejar nuestras tradiciones navideñas, muchos alimentos no se consiguen y si lo haces son muy caros. La cesta básica vale veintisiete salarios mínimos. ¿Dime tú, como podemos comer así?

-No hay nada, la gente sufre y el dinero no alcanza. El mercado popular que siempre estaba abarrotado en años anteriores está vacío hoy, ya casi nadie compra. Antes podíamos poner la mesa full, las hallacas, el pernil, el pan de jamón... y ya no se puede.

-Yo te digo antes en la mesa en navidad teníamos tres ensaladas diferentes y dos tipos de proteínas, las hallacas, el pan de jamón. Ahora es solo la porción que le toca a cada uno y ya. Las cosas están demasiado caras, o comemos o compramos los estrenos.

-El aleuzeviano de a pie es el que sufre, no tiene la posibilidad de adquirir el tradicional plato navideño este mes de diciembre, sólo un plato navideño equivale a cuatro salarios mínimos. Ya basta de que sea el ciudadano aleuzeviano el que sufra no solo por la alimentación y el transporte, por las deficiencias de transporte público que tiene el país. Tres años desde que Yeir Oromud llego al poder y desde entonces no hemos podido disfrutar tranquilamente estas navidades, nos rompen las ilusiones, deshacen a las familias.

Anicorima vió una gran fila de carros en una estación de gasolina, estaban unos periodistas independientes que querían cubrir la noticia y reportar sobre la situación. De repente unos militares tomaron control de la estación de gasolina, impidieron la labor de los periodistas. Los mismos militares no quisieron identificarse y no llevaban nada encima que los identificar de que grupo o jerarquía militar eran, les pidieron identificación a los periodistas y no los dejaron grabar.

Consigue hablar con hombre de cincuenta años que estaba esperando con su automóvil, le informa de la dificultad que tiene con la escasez de gasolina:

-Tengo dos horas y media aquí, ésta es la mejorcita. Hay otras peores donde puedes estar hasta seis horas. Por la ineficiencia de la gasolina de Goldast de Aleuzenev, es muy lento y con el calor uno se deshidrata. Nadie dice nada, nadie informa nada, lo que sufrimos solo para suministrar de combustible a nuestros vehículos.

Anicorima sigue su camino y se encuentra con una protesta de empleados del Subterráneo de Sacarac que le llamó mucho la atención. Se pone a oír la alocución del que parece ser el representante del grupo:

-A nosotros nos toca el 20%, no aceptamos esta tabla salarial nosotros tenemos la contratación colectiva que está vigente. La directiva del Subterráneo de Sacarac se ocultan y nunca dicen nada, por favor desistan de esos despidos de contenido político. Atiéndanos a nosotros los jubilados y pensionados, por esa improvisación es que se nos cae a pedazos el Subterráneo de Sacarac, no confíe en la gente del sindicato que lo que hace es engañarlo.

-Zapatero a su zapato, como militar que es el presidente actual desconoce la materia Subterráneo de Sacarac, hay mucha gente capaz de levantar otra vez el subterráneo.

-Estamos dando la cara somos los únicos que lo hacemos, explicando al usuario y a la comunidad entera lo que sucede. Lo que está pasando es que el usuario agrede diariamente física y verbalmente al trabajador del Subterráneo de Sacarac porque es el único que ve, nosotros estamos trabajando con las uñas, no tenemos los equipos ni las herramientas, la solución es que nos den recursos, el Subterráneo de Sacarac está en deterioro, un paciente en terapia intensiva, necesita transfusión para subsistir no hay nada para nuestro sistema, cada vez más es el deterioro, está colapsado casi en un paro técnico, es un viacrucis. El usuario no se lo merece un trayecto de veinte minutos puede tomarle una hora. No se está haciendo ningún tipo de mantenimiento tanto a sus vías férreas, trenes, estaciones eléctricas, no hay ayuda o aporte no se le da nada al sistema. Nuestros muchachos no tienen la culpa que las escaleras mecánicas no funcionen, que haya demanda de trenes dañados pudriéndose en los patios de las estaciones. Mas de 70% de escaleras mecánicas detenidas, ascensores no operativos, más de la mitad de los trenes de las flotas paralizadas por faltas de insumo y de repuestos. Necesitamos apoyo y recurso...

Anicorima impactada al oír el verdadero estado de decadencia del Subterráneo de Sacarac, sigue una cuadra más arriba y va conversando con un comerciante que le explica que su negocio no anda para nada bien:

-70% de las empresas han cerrado, las pocas que han abierto son para ver cómo hacen el mes que viene. La situación económica ha seguido en declive, la hiperinflación ha continuado todos estos meses, 200% de inflación mensual. No se augura un buen desarrollo económico.

La otra escena que ve la conmueve mucho, una larga fila de ancianos esperando a cobrar la pensión en un banco, se veían débiles y cansados ante ese incesante sol del mediodía. Un viejito le dice lo que sufren los pensionados para retirar del banco su dinero:

-El viernes pasado fue pésimo no pude cobrar, el banco dijo que hasta las tres y treinta de la tarde trabajaban y no pude cobrar.

-Llegué a las siete de la mañana, es lo que vivimos ahorita, hacer estas colas para poder entrar a una entidad bancaria. Una situación dramática, 4.500 seraviles que te están pagando y no te alcanza para nada, todo está muy caro. Dos kilos de pernil al menos puedes aguantar.

-El gobierno nos tiene haciendo colas de tres a cuatro horas para que te den una miseria de seraviles, eso no puede ser que nosotros los adultos mayores, los pensionados estamos pasando tantas calamidades, no tenemos para comprar nuestros alimentos y medicinas. Parece que lo comunistas que nos gobiernan no les importan nada, Yeir Oromud es contigo, parece que no tuvieran madres, solo queremos tener una vida digna, nos dan la pensión por gotas, nos agarran y nos abusan.

Anicorima pasa un rato con los viejitos y después se dirige a la otra esquina donde unos vecinos protestaban por la escasez del gas doméstico en esas navidades por venir. Una mujer con un niño en brazos se le acerca y le comenta en tono altisonante su crítica situación:

-Cuatro meses sin gas, no han venido los camiones a surtirnos aquí en la comunidad. Tenemos dos días aquí en la calle protestando, necesitamos el gas, yo soy invidente y cocinar con leña para mí es muy difícil y muy complicado. También aquí hay vecinos que están sin gas desde hace un mes. Por favor necesitamos el gas, que nos manden el camión, lo necesitamos de verdad. Estar sin gas en plena navidad es muy malo. Cuenten con nosotros, tómenos en cuenta, somos seres humanos.

-Antes lo traían de vez en cuando, ahora es peor ya va un mes que no lo han traído. Tengo desde las tres de la mañana aquí haciendo cola y no lo han traído, nadie nos da respuesta.

En el mismo sector otro grupo de vecinos protestaban por las aguas negras. Se acerca a una señora que estaba muy molesta, declara a Anicorima lo siguiente:

-Este bote de agua tiene más de un año, aquel de más allá tiene tres años, el agua pasa a la cañada y se une el agua negra con las aguas blancas.

- ¿La alcaldía que ha dicho? -, *le pregunta Anicorima*.

-Nada, que van a solucionar, pero nunca hacen nada, puras mentiras pareciera que no hubiera gobierno aquí. Aquí el agua se está botando, no hay agua y me he tenido que ir a otro municipio a bañarme. Va un mes sin agua y con el agua botándose por esa tubería, jamás va a llegar. Esto es un desastre.

-Nos afecta mucho, se nos mete el agua dentro de las casas. El tipo del agua no hace nada, está en su casa comiéndose un buen desayuno, igual que el alcalde. Que hacemos con ese alcalde sentado allí, que lo quiten. Le pusimos basura al hueco para taparlo, un señor se cayó allí y una señora se partió un brazo. Que esperan que haya muertos, igual si los hubiera tampoco vendrían...

Anicorima sigue recorriendo las calles y observa un mitin de unos trabajadores agropecuarios, uno de ellos está dando un discurso:

-Nos preocupa el tema de la seguridad jurídica y personal, desde hace dos años se han presentado robos masivos de más de trescientos animales en muchas ocasiones. Se roban todo el esfuerzo de familias ganaderas de tres generaciones en nuestras fincas, la gente no recibe esa carne, esa leche, esos productos. El Estado no garantiza la seguridad de los productores para darle comida a la gente. Grupos a la sombra de las autoridades, hacen negocios turbios y las denuncias no sirven de nada. Le hacemos un llamado a las autoridades regionales y nacionales de actuar, ya van cinco trabajadores de fincas que han sido asesinados protegiendo su trabajo en Bocaimar, exigimos respecto para las fincas y el área agropecuaria. Solo mira cómo ha disminuido el consumo per cápita de carne, por favor miren al campo, pero necesitamos condiciones para poder sobrevivir y producir.

Anicorima oye un canto una cuadra más abajo:

- ¡Quiero un sueldo justo para quedarme en mi sistema!¡Y no, no me quiero ir! ¡Quiero un sueldo justo para quedarme en mi sistema!¡Y no, no me quiero ir! ¡Quiero un sueldo justo para quedarme en mi sistema!¡Y no, no me quiero ir!

Se acerca más y alcanza a conversar con uno de los que organizaron la jornada de protesta, Anicorima empieza preguntándole el motivo de la misma:

-Estamos haciendo esta nueva manifestación de protesta, para que el ministro de educación presente los tabuladores o tablas del hambre, da pena ver la situación en que están los colegios, las escuelas, los liceos, da temor acercarse a esos centros de educación porque algunas zonas están tomadas por el hampa, el programa de alimentación escolar está desaparecido de los planteles escolares. Tenemos a maestros con unos sueldos y salarios de hambre, estas maestras que luchan por subsistir y son heroínas, les decimos una vez más al patrono estado que aquí vamos a seguir en la calle para procurar mantener la educación de calidad, sino también mantener a la familia unida, tabuladores salariales y servicios que mejoren la calidad de vida del maestro.

-Hay un paro técnico en las escuelas, es porque no van los muchachos porque no comen, porque no hay luz, ni agua en las instalaciones. En la institución ahorita estamos sin agua y sin electricidad desde enero.

- ¿Once meses sin luz? -, *se sorprende Anicorima al oírlo.*

-Así es, también estamos sin alumnos que no van porque no tienen comida, están desnutridos.

-Como docente le exijo al gobernador que nos lleven los camiones de agua que se la pasan ofreciendo y que nunca llegan. Puras amenazas y mentiras. Nosotros seguimos en la calle, seguimos en la lucha.

Anicorima se despide de ellos y le llama la atención un mural de apariencia artesanal con todas las quejas de la comunidad, se llamaba "*Muro de los Reclamos*", busca a una de las personas encargadas del mural y le explica a ella, la razón del muro:

-Aquí no recogen la basura, el gas brilla por su ausencia, la calle llena de escombros dejados por el gobierno municipal, fallas en los servicios.

-Estamos abandonados en la desidia, somos un sector muy olvidado. Ningún servicio funciona bien, solo hay indigencia, hambre, miseria y desidia. No hay bombillos en la noche todo este obscuro, las plazas llenas de indigentes y de basura. Claro que la plaza de los enchufados si tienen sus luces y adornos de navidad, están limpiecitas. La Sacarac para unos y la Sacarac para los otros, allá hay luces, música y fiestas navideñas, y aquí nosotros en la miseria. Tenemos un bote de aguas negras que hemos denunciado y lleva nueve meses allí, toda la calle está deteriorada. El agua nos viene de una dependencia municipal, le hemos enviado cartas y no responden. Por eso tomamos esta iniciativa: *El Muro de los Reclamos.*

-Es horrible lo que se vive aquí son muchos reclamos-, *es todo lo que logra atinar Anicorima.*

-Dos calles más abajo hay una escuela y los alrededores están llenos de basura, es increíble la cantidad de basura que hay. Gusanos, epidemias, con las lluvias, los niños están afectados.

- ¿En serio no les responden a sus comunicaciones? -, *le pregunta Anicorima.*

-No, a menos que actuemos. La semana pasada agarramos la basura y la lanzamos toda a la calle trancándola, vino un sargento del ejército y nos pudo resolver el tema del gas.

Las imágenes de personas buscando comida en la basura ya forman parte de todos los días en Aleuzenev, la gente tiene hambre y a muchos aleuzevianos se les hace imposible el tener acceso a los alimentos. Esto es lo que ella ve y se acerca a uno de estos jóvenes, él le dice de sus experiencias comiendo de la basura.

-Es difícil que jóvenes como nosotros consigamos trabajo, en la basura consigo de todo, ropa, comida... todavía no me he enfermado. He estado comiendo en la basura desde hace tres años.

-Pero si este gran gobierno se vanagloria de su revolución que saca a la gente de la pobreza-, *dice Anicorima tratando de representar lo que dirían los comunistas que tienen el poder.*

-No creo en nadie, yo pienso que todo eso del gobierno y las elecciones está arreglado.

Luego de darle algo de comer al desahuciado joven y darle ánimo de que no se rindiera nunca y que siguiera luchando, Anicorima camina una cuadra más y ve una larga cola de personas para comprar comida, buscando conseguir lo que puedan para mitigar el hambre que tenían. Se une a la fila y le busca conversación a una de las personas.

-Sobrevivimos con lo que podemos día a día, aquí estamos en esta cola y no tenemos garantía que nos vendan comida, hace rato nos dijeron que no iban a recoger más cedulas. Estamos desde las seis de la mañana, ocho horas esperando a ver si ellos nos quieren vender comida. Sino nos queda irnos con la cabeza abajo, resignados como todos los días.

Otra persona habla de cómo el gobierno zevachista ha abandonado a la gente.

- ¿Qué gobierno? Este es un gobierno deficiente, de delincuentes al que simplemente no le importa las necesidades del aleuzeviano.

Anicorima se encuentra con una señora de sesenta años más o menos, estaba haciendo una insufrible cola al sol de la tarde, ella le comenta lo siguiente a Anicorima.

-Tengo tres días sin comer, tengo desde las cinco de la mañana en esta cola. No es fácil, no tenemos ni comida ni medicinas-, *le dice en llanto ese pobre ser hambriento, mientras le comentaba lo que le dolía no poder llevar comida a sus hijos en su casa.*

Anicorima casi se pone a llorar al oír su testimonio, con el poco dinero que le quedaba a ella (al igual que Brigale ella ganaba un poquito por encima del salario mínimo), lograr comprarle una empanada de queso a la señora y se la da.

En la siguiente calle observa a unos vecinos que protestaban por la falta de agua y la basura acumulada en las calles. Se entrevista con un joven, que le menciona lo siguiente:

-Hoy estamos aquí denunciando que el 80% de las comunidades no recibe el servicio de agua potable, no nos dan bien el servicio por eso hemos tenido que rebuscarnos comprando camiones cisternas entre todos o agua pozo. Solo un estimado del 18% al 20% de la ciudad de Sacarac tiene un servicio continuo del agua potable.

- ¿Por qué ocurre eso? -, *le pregunta Anicorima rápidamente.*

-Distribuir el agua no es fácil, se requiere una estructura, estaciones de bombeo, plantas de tratamiento, tuberías...y los zevachistas han arruinado también el servicio del agua, si ni siquiera tienen logística de mantenimiento o de operación.

-No habían hecho un ministerio zevachista para el agua el año pasado-, *adiciona la información Anicorima.*

-Eso es un chiste como todo los que hacen esos comunistas de pacotilla, es terrible en los últimos diecisiete años ha habido quince ministros del agua y ninguno ha servido. No tienen la experticia, ni el conocimiento ni la ética para manejar algo tan complejo como lo es el servicio del agua.

-No podemos seguir permitiendo que nos pisoteen, lo hemos permitido. No sigamos permitiendo esta situación. No tenemos agua, no nos cumplen con los cronogramas, tenemos meses sin una gota de agua, estamos cansados no somo camellos.

Anicorima sigue su camino, en otra calle ve algunas enfermeras y pacientes de diálisis protestando en la calle. Conversa con una de ellas que explica que el Régimen Zevachista está empezando a perseguir a las enfermeras que han denunciado la situación crítica de salud de los hospitales.

-Denunciamos hoy que tres de nuestras compañeras fueron citadas, reseñadas, tratadas como criminales y apresadas por el crimen de resguardar unos medicamentos de un intento de hurto, algo que siempre ocurre en el hospital. Hoy nos levantamos y denunciamos si algo ocurre a la integridad de estas profesionales de la enfermería.

-Espero que las liberen, lo lamento mucho...-, *son las únicas palabras que logra esbozar Anicorima.*

-Es una venganza y retaliación de las autoridades del hospital, por no quedarnos calladas y denunciar el mal estado de las instalaciones, para poder trabajar bien y salvar vidas que es todo lo que queremos hacer. Dos días sin tener insumos, sin darles tratamiento a ningún paciente, esas sesenta mil inyectadoras estaban siendo resguardadas para las siguientes cuarenta y ocho horas de trabajo, no se las estaban robando.

Entre tanta gente Anicorima conversa con un exfuncionario policial que se encontraba en la protesta, el cual decía llamarse Karlivo y le dice lo siguiente a Anicorima:

-Al comienzo no me lo creía, yo tenía fe en Zevach y en su promesa de cambio y voté por él en el 98. Poco a poco me di cuenta de la falsedad y la politiquería barata, más de lo mismo. Tanto que él atacaba a los corruptos de antes y ahora la corrupción es peor, el robo y el saqueo al sistema son ahora multimillonarios. Me arrepiento de haber sido zevachista, esta falsa revolución que solo beneficia a esta pequeña camarilla de enchufados. Tenemos que cambiar este gobierno ya, no aguantamos más. Me lo advirtieron hace diecisiete años que no pusiéramos a Zevach en el poder y no le hice caso, pensaba que era un loco. Ahora me doy cuenta de que los locos fuimos nosotros por confiar en Zevach y por haber permitido que el comunismo se instaurara en Aleuzenev. Nosotros mismos nos buscamos este secuestro.

Luego de esto Anicorima tiene una charla con el padre de un niño enfermo, por su talante se veía muy alterado y afectado por la situación. Entre lágrimas le dice a Anicorima sobre su hijo que padecía de leucemia. Este decía llamarse Fredom:

-Mi hijo tiene diez añitos, tiene leucemia y lo está pasando muy mal. He hecho las mil y unas cosas para solventar la situación. Ayer en la clínica se fue la luz por cinco horas y no podíamos darle el tratamiento, yo me quería morir. Estamos secuestrados y no hay nada que podamos hacer, no le consigo las medicinas a mi hijo, está en riesgo de muerte y no sé qué más hacer.

En el mismo lugar conversa con un paciente renal que no había podido hacerse la sesión de diálisis por la falta de agua.

-Desde ya hace una semana la unidad de diálisis tiene problemas con el suministro de agua potable, por eso nos han recortado el tiempo de la diálisis, el miércoles pasado solo tuvimos noventa minutos y eso es insuficiente para los pacientes. Te explico a medida que nos dan menos tiempo se nos acumula más el líquido y como no excretamos orina, el líquido se nos va al pulmón y nos puede ocasionar algún otro tipo de complicaciones. Es primordial que nos traten de solucionar el suministro del agua para poder tener entre tres o cuatro horas de diálisis. Ayer me sentía muy mal, ahogado.

-Explícame, que es estar ahogado-, *Anicorima desconocía del tema realmente.*

-Es cuando las toxinas y la acumulación de líquido nos afecta por las malas diálisis, noventa minutos es insuficiente como te digo y te vas acumulado.

Anicorima habla con una mujer que se encontraba allí pero no la veía protestando, ella le comentaba sobre las torturas que le hicieron a su esposo que era uno de los más de mil presos políticos y de conciencia el Régimen Zevachista.

-Mi esposo salía del trabajo, unos funcionarios lo agarraron y le cayeron a golpes, patadas y le lanzaron gases. Lo llevaron a la comandancia y lo torturaron con un martillo, le dieron por la espalda, en los pies, en las piernas, los brazos por todas partes…

- ¿Qué crimen cometió el, hizo algo malo? -, *es lo que logra preguntarle Anicorima.*

-No hizo nada, solo lo vieron una vez en una protesta y lo acusaron por traición a la patria, por eso lo torturaron horriblemente.

Por más imposible que parezca, hace el intento de darle ánimo, esperando que los abogados del Foro Penal lo pudiesen liberar esa misma semana.

Anicorima habla con una última persona, con alguien que era un joven militar que había desertado y estaba yéndose del sistema, pudo hablar un poco con el:

-Yo soy militar desertor y estuve cinco meses en una prisión militar por haber desertado y por cargos de traición a la patria, todo por manifestarme en contra de las cosas ilegales que vi que hacían los generales en esa ciudad donde estaba sirviendo.

- ¿Dime la razón por la cual te revelaste contra el Régimen? -. *Le pregunta Anicorima con mucho interés.*

-Por el descaro de esos generales que por tener uniforme y una alta autoridad pueden hacer lo que quieran, exponiendo sus lujos y prestándose a los negocios sucios. Yo vi como entregaban las riquezas de nuestra minería a los guerrilleros de Biamoloc de la Elenfarc y a los Garimpeiros de Lisbra que siguen explotando a nuestro estado Nasozama en todos sus municipios.

- ¿Qué fue lo que viste, de verdad viste a la guerrilla de Biamoloc en Aleuzenev? -, *Anicorima estaba interesada en el tema.*

-Sí lo vi, todo es parte de una organización criminal, en conjunto con los generales y almirantes de la zona, trafican combustible en la frontera de Aleuzenev y Biamoloc por el rio. Colaborando con la Elenfarc que tienen una concesión y extraen minerales como el oro, coltán, torio y uranio. Lo explotan y lo extraen usando unas máquinas que traen de Biamoloc, pasan libremente por las alcabalas militares de la zona. Una parte de esos minerales se los queda la guerrilla y la otra es para los generales, los jefes militares supervisan el funcionamiento de esas máquinas.

-En serio viste eso, es muy grave lo que estás diciendo...

-Es terrible ver a gente de Biamoloc y como usan mano de obra aleuzeviana, gente que por la crisis económica se van a esas minas a trabajar, esos tipos de Biamoloc los explotan poniéndolos a sacar oro, aprovechándose de su situación, muchas horas de trabajo a cambio de una muy poca cantidad de los minerales que extraen, con eso tienen algo para comer y mandar a sus familias.

-Y lo que es peor del otro lado los garimpeiros explotan a los indígenas mimasyanoma, por los primitivos que son pueden aprovecharse de ellos, solo les dan ropa usada y algunas armas para cazar, nos les dan más nada. Parte del oro extraído es para los garimpeiros y la otra para los jefes militares de la zona.

-Según yo entiendo la guardia nacional tienen que resguardar la riqueza y el territorio-, *es el comentario que proporciona Anicorima.*

-Soy testigo de cómo esos generales hablaban de moral y decían estar en contra de la explotación ilegal de minerales, esos mismos generales tenían sus propias máquinas en las minas sacando oro. Yo hice una operación de reconocimiento para recolectar información y me enfrenté a ellos, tenía la localización de los campos donde los garimpeiros explotaban a los mimasyanoma. Por eso ellos alegaron que salí de la base sin autorización, allí me dieron de baja por hacer patrullaje en la zona.

-Es muy fuerte lo que dices. ¿Qué me comentas de tus compañeros? -, *responde rápidamente Anicorima.*

-Todos allí reciben algo, si no estás en el negocio ilegal ellos te señalan como si fueras sospechoso, por no estar con ellos. La mayoría de ellos tienen sus familias dentro de Aleuzenev y no podían exponerse, pero te digo que son muy pocos los que apoyan al ilegitimo y usurpador Yeir Oromud.

-Qué triste como las fuerzas armadas se han envilecido, como han perdido su institucionalidad-, *se lamenta Anicorima.*

-Se han convertido en una organización criminal que sólo está al servicio de la dictadura y de los intereses de esos generales del cartel de los soles.

-Ok dime. ¿Cómo era vivir allí, les daban comida armamento y todo lo que necesitaban? -, *Anicorima estaba muy interesada en el tema.*

-La tropa pasa hambre, no les alcanza su propio sueldo y hasta tienen que poner de su propio bolsillo para hacer las operaciones. Al mismo tiempo que ven a los generales con sus lujos, camionetas último modelo, en discotecas todo el fin de semana y tu matándote por un sueldo de 10.000 o 20.000 seraviles. El Régimen no les da nada a las tropas para sus operaciones logísticas. Ya no hay tropa en los cuarteles, solo esclavos. Yo vi como los comandantes y generales ponían a la tropa como esclavos a limpiarle sus camionetas último modelo, arreglando sus casas de lujos de 2 o 3 millones de seradoles, trabajando en sus fincas...

-Entiendo tu dolor, que tragedia tan grande como se ha depravado el honor de la guardia nacional-, *todo esto ponía muy triste a Anicorima.*

-Es así, con tu permiso me voy, tengo que ocultarme y espero estar afuera del sistema mañana pasando por los lados verdes...

-Te entiendo, te deseo todo lo mejor y que te vaya muy bien-, *es la forma como se despide Anicorima.*

De esta forma Anicorima termina su *"paseo por las calles de Aleuzenev"*, se da cuenta que no es sólo ella, sino que todos los aleuzevianos también estaban secuestrados, esclavizados y presos en el sistema, sufriendo carencias, miserias, humillaciones, vejaciones todos los días, sin comida, agua o medicinas, muriendo cientos de aleuzevianos todos los días. Mientras que el Régimen Zevachista seguía imponiéndose con el uso de la fuerza y la violencia en el poder y negando la crisis humanitaria, al mismo tiempo que sucedía este genocidio silencioso pero avanzado de la vida de los aleuzevianos.

5

El Paraíso Socialista de Ninle Yurmichael

Ninle Yurmichael es el tío comunista de Anicorima, ingeniero de sesenta y siete años jubilado, su contextura era gorda, era un zevachista acérrimo, comunista, socialista, izquierdista, antiimperialista, raxmista, revolucionario, camarada, miliciano, patrullero, patriota, soldado de la patria grande de Varlibo y Zevach. Los últimos años de su vida los trabajó en una alcaldía zevachista, de allí sacó la doble pensión y los "*grandes beneficios que daba el gobierno revolucionario a su pueblo*", él tenía su carnet rojo, estaba registrado en el partido comunista, recibía bonos cada cierto tiempo y la caja mensual del Clap.

Particularmente estaba orgulloso de su nombre, el mismo magnificente nombre de aquel legendario hombre de la Noiunov Catisov, que inició la época gloriosa del comunismo en la epopeya y esplendorosa Revolución Quevilabo a inicios del siglo XX. Ese Ninle era un genio universal que toma la semilla de Raxm y la sembró para obtener la iluminación gloriosa y revolucionaria en el universo.

Su casa era una oda al izquierdismo y al comunismo. Al entrar en el paraíso socialista de Ninle, su hogar comunista, todo empieza en la sala. Sus llaves colgadas con su llavero con una foto del comandante Zevach, allí se encuentra un equipo de sonido con dos stickers pequeños en forma circular que decía: "*UH AH ZEVACH SI VA*".

Justo debajo estaba su colección de libros comunistas:

- El Libro Azul (Comandante Zevach).
- Un Brazalete tricolor (Comandante Zevach).

- Agenda Alternativa Varliboriana (Comandante Zevach).
- Plan de la Patria (Comandante Zevach).
- Cuentos del Arañero (Comandante Zevach).
- En Compañía de Zevach. Crónicas de la Campaña Electoral 2012 (LocaroZech).
- Golpe de Gracia (Silu Tobri Aigar).
- Mi campaña con el Che (Niti Dopere).
- Del 11 al 13. Testimonios y grandes historias mínimas de abril 2002 (Sejo Otrober Quedu).
- Elchi y Dellane. Una mirada al proceso revolucionario elchiano (Líder Supremo Ortsac).
- Zevach. Alma de la Revolución en Cristo y en Varlibo (Tocijan Zerpe Yacpa).
- De Yare a Miraflores, el mismo subversivo (Sejo Teciven Legran).
- Quien invento a Zevach. Un ensayo biográfico (Todemos Lionie Roerrgue).
- Cinco Tesis Filosóficas (Oma Dung).
- Las Venas Abiertas de la Galaxia de Anaciremadus (Anogale).
- Reencarnar el Espíritu de Varlibo (J Zeñu Orioteno).

En la otra parte de la sala estaba una mesa de vidrio junto con una mesa grande de madera con pintura negra de forma rectangular, allí tenía una especie de muñeca matruska, pero comunista con cinco figuras desde la más grande hasta la más pequeña: *El Comandante Zevach* (El Gigante de primero, como debe ser), *el Líder Supremo Ortsac*, *El Che Ravague Medico*, *El Che Ravague guerrillero* y al final una mujer aleuzeviana.

En el centro de la mesa tenía un muñeco del Comandante Zevach, vestido de militar con su boina roja y en la otra esquina una caja de un rompecabezas *"Barrio Tricolor, Aleuzenev para armar"*, de trescientas piezas de una imagen de un barrio marginal de Sacarac con sus ranchos con techos de láminas de zinc.

En el pasillo central del apartamento tenía un adorno de tela color negro, de Acub de la ciudad de Anavah. En la cocina tenía una puerta de madera con un sticker mediano color rojo que decía la consigna: "*UH AH ZEVACH SI VA*" y otro sticker más grande aun que decía: "*VOTA SI*", que era la consigna del referendo de la reforma constitucional del 2012.

En su habitación tenía un CD de color rojo con canciones del Comandante Zevach titulado: "*58 canciones con el Comandante Zevach*" y en su puerta un afiche tamaño grande con el Comandante Zevach que tenía las siguientes frases escritas en letras rojas: "*Zevach Pueblo Valiente, Patria Independiente*". Debajo del afiche tenía un sticker rojo grande en forma de corazón que decía: "*Zevach, Corazón de mi Patria*", colgado en su silla tenía la chaqueta negra y roja con el logo de la alcaldía zevachista donde trabajó hasta su jubilación hace pocos años.

Aún faltaba un cuarto que estaba vacío, que estaba justo al frente de la habitación de Anicorima: "*El cuarto Zevachista*". Tenía encuadrado un autógrafo del mismo comandante Zevach, su héroe eterno y líder supremo con fecha 13/09/1999 con la siguiente dedicatoria: "*A Ninle con mi llamado a la lucha patriota*", al lado un afiche del comandante Zevach que decía en letras rojas: "*Patriota de Aleuzenev, rodilla en tierra*". Dos afiches más de dos grupos musicales zevachistas que han apoyado a la dictadura estos diecisiete años, también un afiche del retrato digital hecho del rostro de Varlibo en el año 2012. En la puerta el mismo sticker de antes con forma de corazón rojo y otros dos de tamaño mediano; uno decía: "*Hasta la Victoria siempre Comandante Zevach*" y el otro que decía en letras amarillo y rojo: "*Zevach, Corazón de mi Patria*".

Sin embargo, este paraíso de beneplácito utópico izquierdista no estaba completo sin su adorado "*Sótano Rojo*", ese era su lugar favorito del todo ese templo masónico-comunistoide. Bajando esas escaleras estaba ese glorioso y emancipado pasillo, todo pintado de color rojo.

En la entrada Ninle tenía guardado un bate de aluminio de color rojo, oculto al lado de la puerta, por cuestión de seguridad más que todo. Al inicio del pasillo estaba su posesión más preciada, un busto de bronce del fino rostro del Líder Supremo Ortsac con su legendaria y épica barba. Seguía un largo pasillo y unos metros más adelante la puerta roja metálica con su cuarto especial rojo, era su lugar sagrado comunista. Solo él tenía el derecho a entrar a ese sótano comunista que siempre estaba bajo llave, Anicorima no tenía el derecho divino de acceder a su "Sótano Rojo".

Ninle no comía casi nada en el día, el dinero no alcanzaba por la hiperinflación de 1.500.000%, no desayunaba. Ya se había acostumbrado a eso y no había ningún problema. Se la pasaba tomando café negro sin azúcar (a veces tenían azúcar cuando venía de vez en cuando en la caja clap) y con eso se llenaba hasta que Anicorima llegaba a las seis de la tarde, para cenar arroz con lentejas todos los días a las siete de la noche. Cuando se acababa el café pasaba a tomar leche caliente, por lo imposible era comprar café con esos precios tan altos. Cuando se acababa el kilo de leche en polvo de la caja clap, pasaba a tomar agua caliente con gotas de limón. Así era el ciclo, mientras esperaba al siguiente mes a que llegara la caja clap, en la más corriente normalidad que él consideraba.

Ninle era fanático del new age/metafísica/ espiritualidad, todas las mañanas las iniciaba con una meditación en las mañanas, también en las tardes a las cinco de la tarde participaba en unos talleres online.

Brigale le comentaba sobre esto a Anicorima, que Ninle le parecía un pobre idiota engañado por esa mierda pseudo espiritual, hablando de temas complejos y abstractos como física cuántica, al mismo tiempo que es un zevachista esclavo y fanático que ni siquiera se da cuenta de cómo está siendo utilizado como un peón por los comunistas zevachistas.

En algunas ocasiones Ninle le decía a Anicorima que le imprimiera ciertas oraciones que le pasaban por correo, ella lo hacía a escondidas en su trabajo por la vigilancia que se tenía de las impresiones, debido a la escasez de papel de Aleuzenev.

La primera vez que le imprimió una oración era sobre perdonar a su niño interior:

NIÑO INTERIOR

Mi niño hermoso, hoy reconozco que tú eres mi relación más importante.
Reconozco tu presencia, hoy elijo cuidarte, valorarte y respetarte.
Reconozco que en ti, se encuentran todas mis memorias.

Te amo, lo siento, por favor perdóname, por todas las memorias acumuladas de tristeza, abandono, vergüenza, rechazo, escasez, violencia, dolor, enfermedad.(Ilusiones creadas por el entorno impuesta por los mayores)

Lo siento mucho, por favor perdóname, te amo, muchas gracias por ser parte de mí.
Reconozco mi responsabilidad por haberte causado tanto daño y sufrimiento.

Por favor perdóname, gracias por ser parte de mí.
Por favor permíteme acariciar tu cabeza, te amo, por favor perdóname, si he sido descuidado, si te he manipulado, lo siento mucho, mi hermoso niño.

Ayúdame a dejar ir estás memorias que nos hacen experimentar sufrimiento, solo son memorias que se están repitiendo, por favor déjalas ir, no sé cuáles son esas memorias, pero tu si sabes.

Deja que esto se limpie, se libere, se transmute, purifique y se convierta en luz, por favor deja ir cualquier odio o resentimiento que pueda estar bloqueando nuestra libertad de cualquier índole, ayúdame a ofrecerlas al Espíritu Santo.

Divinidad, presencia del padre en mi ser libéralas por favor te lo pedimos.

Mi hermoso niño, permíteme abrazarte, permíteme darte amor ilimitado y puro, te amo, te amo, te amo.

Gracias por estar dispuesto a dejarlo ir, para que tú y yo, estemos libres de memorias, para que tú y yo podamos caminar mano a mano hacia la luz, la verdad y la vida.

Perdón
Lo siento
Gracias
Te amo

Agua de la vida
Agua de la vida
Agua de la vida

Hecho está
Hecho está

La segunda oración era sobre el principio de co-creación:

ORACIÓN DE CO-CREACIÓN DE KRYON

Yo (nombres)
tengo fe en que mi Yo Superior es siempre mi instantáneo,

constante y generoso suplidor.

Yo ...
tengo fe en que mi Yo Superior siempre abre mis caminos
aun cuando humanamente pareciera que no existieran vías.

Yo ...
tengo fe en que mi Yo Superior guía siempre todos mis proyectos,
manteniendo mi salud, felicidad y prosperidad.

Yo ...
tengo fe en que mi paz interior está siempre segura con la ayuda de mi
Yo Superior, quien es mi Yo más elevado y la parte de Dios que reside
en mí.

Con licencia del Gran Espíritu que todo lo rige y todo lo gobierna.
Con licencia de la Madre Tierra, justa, generosa y dadivosa.
Con licencia de los Cuatro Elementos, las Cuatro Direcciones
Magnéticas
y todos los Devas Supralumínicos,
Yo ... os saludo a todos y honro el hecho de estar junto a
ustedes.

Con licencia de todos mis Guardas y Guías Espirituales
y de la Gran Hermandad Blanca,
Yo ... en esta hora y en este momento,
convoco a todos los Seres de Luz que tutelan mis caminos,
para pedirles afecto, bondad, comprensión, ayuda, consejos,
información, instrucción, sabiduría, Luz, mucha Luz, para que juntos
recorramos la senda
que ha sido trazada por nosotros mismos desde las más altas
regiones del Espíritu.

A través de ustedes, Amados Guías, Yo ...
me dirijo a la fuente creadora del Espíritu.

Como el ser multidimensional que soy, Yo ...
afirmo que yo soy sagrado y merezco estar aquí en la Tierra,
para recibir respuestas de ti, querido Espíritu, mi magnífico socio.
¿Qué puedo hacer para ser mejor socio tuyo?

¿Qué es lo que quieres que yo sepa?
¿Qué debería hacer ahora? ¿Dónde debería estar ahora?
¿Cómo puedo hacer para que ocurran los eventos adecuados en mi vida?
Dame las instrucciones para actuar, dame la sincronicidad en mi vivir que me muestre las respuestas y yo te responderé estando alerta para evitar accidentes en mi vida.

Yo ... como el ser multidimensional que soy,
festejo mi compromiso de estar en este lugar, pues yo vivo en el Ahora,
tengo mi paz, tengo la visión de la totalidad
y sé que las soluciones están esperando hasta que yo llegue al Ahora,
pues al planificar todas las pruebas que debía asumir en esta vida,
desde lo más profundo de mi sabiduría ínter-dimensional,
yo creé todas las soluciones,
pues no hay lugar dentro de mi dónde la creatividad deje de existir.

Yo ... como el ser multidimensional que soy,
borro ahora todos los ingredientes de todos mis antiguos contratos
y decreto ahora mi renuncia definitiva a todas las creencias,
implantadas o no, que yo pueda tener;
yo decreto ahora mi renuncia definitiva a todos los votos y decretos
que haya pronunciado en el pasado, en cualquier tiempo y en cualquier instante, principalmente aquellos que estén relacionados con pobreza, enfermedad, dolor, sufrimiento, soledad emocional y vacío existencial.

Yo ... renuncio a todos esos votos
y decreto que los libero definitivamente de mí,
sanando y limpiando los registros kármicos de todos mis procesos evolutivos.

Yo ... perdono, sano y libero todo aquello que consciente o inconscientemente
pudiera retardar u obstaculizar
la completa evolución de todos los niveles multidimensionales de mi ser.

Yo ... como el ser multidimensional que soy,

decreto ahora mi evolución personal y por tanto,
yo co-creo mi futuro y co-creo mi propia realidad,
pues siempre estoy en el sitio correcto en el momento apropiado.

En virtud de ello, Yo ... expreso ahora mi intención
de ir donde tenga que ser llevado de acuerdo al Plan Divino,
y pido que lleguen hasta mí, juntos y sin esfuerzo,
solamente los conocimientos, las personas, las oportunidades
y los recursos materiales necesarios
que me permitan manifestar la Voluntad Divina en esta realidad física.

Yo ... como el ser multidimensional que soy,
elijo usar los nuevos dones del Espíritu para mantenerme equilibrado
y para tener el poder de eliminar cualquier cosa negativa
que intente interponerse en mi camino.
Nada negativo puede perturbarme.
Por tanto, co-creo que mi vibración cambie
y aumente paulatinamente a niveles más sutiles e ínter-dimensionales.

Yo ... co-creo mi sanación física y decreto el despertar de mi memoria
celular.
En virtud de ello, de manera adecuada y sagrada me dirijo ahora a ti,
Querido Cuerpo:

Estamos juntos en esta vida y juntos nos sanamos a nosotros mismos,
juntos tenemos el poder de inmunizarnos de cualquier proceso
que pueda deteriorar la salud de nuestro sistema físico.
Juntos nos regeneramos, juntos nos rejuvenecemos
y juntos tenemos el poder de retardar la liberación de la química
hormonal
que envejece, pues juntos desactivamos por tiempo indeterminado
el envejecimiento de nuestras células, tejidos, órganos y funciones,
y reconectamos en nuestro Ser, en forma armónica y equilibrada,
los 12 códigos del ADN, para alcanzar los 12 niveles superiores
de conocimiento espiritual, emocional, físico y mental.

Así mismo, juntos ahora activamos el crecimiento y funcionamiento
de nuestra glándula pineal, para sentir las frecuencias más altas de
pensamiento
que proporciona el conocimiento

y para poner en marcha el proceso de ascensión
que está grabado en nuestro ADN.
Ahora, cada célula de nosotros lo sabe,
proclama su intención y actúa en consecuencia,
manteniendo niveles óptimos de constante buena salud
y rejuvenecimiento físico, mental, emocional y espiritual de nuestros
sistemas.

Yo ... creo a mi mundo, soy libre del espacio
y del tiempo y soy parte de Todo lo que Es.
Yo honro esta Tierra, honro mi propia existencia,
vivo en el Ahora y acepto mi realidad presente.
Acepto lo que tengo, acepto lo que soy y acepto Ser,
pues yo sé que la gratitud por el momento presente
y por la plenitud de la vida Ahora,
es la verdadera prosperidad que continuamente se me manifiesta de
muchas formas. Así mismo, Yo estoy en con
tacto permanente con todos los niveles
de mi Yo Multidimensional que disfrutan de total prosperidad material,
la cual se manifiesta totalmente en el nivel multidimensional
donde se encuentra esta parte expandida de mí, aquí, Ahora, en el
plano Tierra.

Yo ... merezco estar aquí ahora y soy merecedor de muchas cosas
buenas.
Por tanto, me abro y comprendo que merezco disponer de plena
abundancia
para suplir todos mis deseos y necesidades, y comprendo que el
Espíritu
está aquí para darme amor, paz, equilibrio, salud y prosperidad.
Solamente las cosas buenas se adhieren a mí,
pues yo soy una pieza de la Totalidad y soy Perfecto ante la vista del
Espíritu.
Ninguna palabra humana puede cambiar el Yo Soy,
pues Yo Soy el Que Soy y merezco estar ahora en este hermoso lugar
llamado Tierra.

Yo Soy el Que Soy.
Yo Soy Todo lo Que Soy.
Yo Soy Todo lo Que Soy y Todo lo Que Es.

Yo Soy Uno con el Todo.

De acuerdo al Plan y a la Voluntad Divina, Yo ...
como el ser multidimensional que soy, convoco a todos los Maestros Ascendidos
y a todos los Seres de Luz que estén involucrados
con los conocimientos que deba recibir,
a que me transmitan la totalidad de dichos conocimientos en los niveles adecuados
y me indiquen cómo proceder para su interpretación, aplicación y divulgación,
para así honrar y co-crear armoniosamente
el matrimonio total con el contrato de aprendizaje
que yo mismo he suscrito con el Espíritu.

En nombre del Espíritu, Yo ... co-creo que enfrento el cambio sin temor
y sin participar en ninguna situación apocalíptica colectiva.

En nombre del Espíritu, Yo ... co-creo las cualidades del perdón
y la compasión incondicional, el amor ínter e intrapersonal
y la perfecta salud física, mental y espiritual.

En nombre del Espíritu, Yo ... co-creo la obtención del conocimiento
de esta nueva energía, con todos sus alcances,
con todas sus herramientas y en el más puro amor,
para utilizarlo para mi propio bien, mi sabiduría, mi maestría
y para la guía y el bien de toda la humanidad.

En nombre del Espíritu, Yo ... co-creo la más alta energía espiritual creadora
de todo tipo de recursos intelectuales, espirituales y materiales,
para divulgar correctamente, apropiadamente y con desapego
todos los conocimientos que se me indiquen y para obtener sin esfuerzo
todos los recursos financieros que sean necesarios para realizar
correcta y apropiadamente mi misión, para vivir holgadamente,
con calidad de vida, y para compartir con otros mi prosperidad material.

Las cosas posiblemente nunca sean aquello que parezcan...

Por tanto, Yo ... como el ser multidimensional que soy,
en esta hora y en este momento, pido ser envuelto
en la Luz Blanca Dorada de la Creación, para trabajar integralmente
con la Divina Presencia por encima de mis probables creencias o
limitaciones,
para estar permanentemente conectado con alta percepción y
adecuada expresión, para actuar siempre de acuerdo al Plan Divino de
la Luz, honrando al Espíritu
y a los designios superiores del Plan Maestro de Todo lo Que Es.

Yo ... libero completamente y con total confianza
el resultado de esta afirmación,
lo coloco en las manos del Espíritu, de mi Yo Multidimensional
y me desapego del proceso.

Así es

La tercera oración que Ninle le mandó a imprimir era sobre como activar el ADN con los demás elementos del universo:

INVOCACIÓN ACTIVACIÓN DE NUESTRO ADN - POR SAINT GERMAIN (Durante 9 noches)

Invoco a la Madre Tierra y al Arcángel Uriel, el Fuego de Dios y la Luz de Dios, el Arcángel de la Sabiduría Divina en el Norte, y el Regente de los Elementos de la Tierra.
Provéanme de Gratitud, Luz y Amor, proyecten en mi Ser, mis Energías, y mis pensamientos, el magma profundo de la Madre Tierra, de color amarillo, púrpura y naranja.
Solicito su ayuda, para llevar la Energía del magma creativo, a través de mis pies, hasta mi Chakra raíz o plexo coccígeo, a mi segundo Chakra sexual y sacral, y al Plexo de la Creación.
Invoco a la Fuente Creativa Divina y al Arcángel Jofiel. la Belleza de Dios, el Arcángel del Poder Creativo y la Iluminación, el Guardián del Árbol del Conocimiento, junto con el Arcángel Uriel.
Alcanzo y proyecto Gratitud, Luz y Amor, a lo alto en los Cielos, e

invoco la Luz Dorada de la Fuente de Energía, para que esta Luz Dorada, baje a través de mis Chakras cerebrales, siga hacia abajo, a través de mi Chakra del corazón, le agregue Amor a mi corazón, continúe hasta mi plexo sacro o centro creativo, justo encima del hueso pélvico.

Invoco al Arcángel Zafiel, el Guardián de la Llama Naranja de la Creación, el Ángel del Éxtasis y la Compasión, para que traiga la Energía creativa de la Llama Naranja a mi Plexo sacro, con la intención de crear las 24 hebras de un ADN perfeccionado.

Para la Celebración de la Existencia, llamo a los Niños Estelares, a los Guardianes de los 24 filamentos perfeccionados del ADN humano, con la intención de manifestar los 24 filamentos del ADN, en mi Plexo sacro, en el segundo Chakra creativo sexual, y en cada célula de mi cuerpo.

Al colocar los 24 filamentos del ADN, en cada célula de mi cuerpo, intento perfeccionar mi cuerpo, huesos, sangre, sistema linfático, nervios, órganos, hormonas, glándulas, proteínas, telómeros, orgánulos, carbohidratos, arterias, venas, sistema inmune, tejido adiposo, membranas celulares, mitocondrias, y todas las demás células de mi cuerpo a nivel cuántico, para que se manifieste la perfección del humano original.

Reformo los 24 hilos en 12 dobles hélice, conecto 2 hilos en cada uno, cómo un ADN rotado, conectado, perfeccionado, en espiral y de doble cadena, con los telómeros perfeccionados en los extremos, actuando como pequeñas antenas, transmitiendo la Perfección desde el Campo Cuántico, y desde la Fuente de Energía, en todas y cada una de las células de mi cuerpo, para rejuvenecer y revitalizar mi cuerpo, a un estado perfecto de salud y bienestar.

Trenzo estas 12 hélices dobles, en la cuerda del ADN de 24 hebras, en cada célula de mi cuerpo, me hago fuerte, invencible, indestructible, e impenetrable, para todas las toxinas, petroquímicos, nanobots, radiación ,y todas las formas de Energía de baja vibración.

Mis 12 hélices dobles, me conectan con las Energías cuánticas, de todos los demás Reinos Celestiales. Ahora estoy conectado, e integrado a todos mis Divinos Seres Interdimensionales del Multiverso. ¡YO SOY ahora un Ser iluminado de Luz y Amor! ¡Que así sea! ¡Así es! ¡YO SOY!

La cuarta y última oración que Anicorima le imprimió a Ninle se refería a la unión de los trabajadores de la luz cósmica del mundo, para lograr la paz en la tierra:

MENSAJE ESPECIAL A LOS TRABAJADORES DE LA LUZ DEL MUNDO Y *PERSONAS QUE DESEAN LA PAZ EN LA TIERRA INVOCACIÓN A LA GRAN LUZ CÓSMICA!
Sanat Kumara y Lady Venus!

Como ya sabemos, Sanat Kumara es un Maestro Ascendido que es llamado también dentro del hinduismo: el hijo de Shiva, Parvati, Skanda o Karttikeya, rey de la sabiduría y el aprendizaje, dios de la guerra y comandante en jefe de los dioses o del ejército divino de los mismos. Es también el logos planetario y el fundador de la Jerarquía Planetaria. Se le reverencia a Sanat Kumara como hijo uno de los hijos de Brama, y se le representa sosteniendo una lanza que simboliza la iluminación que le sirve de herramienta para pelear contra la ignorancia, las tendencias negativas y las mentes inferiores. A Sanat Kumara, quien es un exaltado RISHI, como se puede ver, se le conoce de muchas formas; el Señor del Mundo, es otro de sus "sobrenombres", ya que está en todas partes. Otros de los términos utilizados por sus virtudes, son: "El Doncel de las Dieciséis Primaveras" o "El joven de los dieciséis estíos", (pues se dice que a veces tiene apariencia de un joven de dieciséis años, además de que esta cifra representa la posible edad física y cíclica del planeta), Mago Supremo del Planeta (ya que es responsable de la evolución planetaria), Avatar de los Nueve Velos y El Iniciador Único.

Él manifiesta...
En los días venideros nosotros pedimos que dediquen una parte de su vida diaria a la invocación y la formulación de la Luz Cósmica y el anclaje en la Tierra, del texto de la invocación aplicada más abajo.

Esta invocación es muy potente, y cuando la pronuncien, ustedes SABEN que son co-creadores con Dios Padre/Madre y tienen la plena autoridad de aplicarla. Repitiendo esta Invocación como mínimo siete veces seguidas, ustedes expresan definitivamente su intención para este día, y así, cuantos más de ustedes apoyen esta Invocación, el beneficio no tardará. Os pido que comprendan, Amigos, que ustedes no tienen que hacer algo diferente de esto lo que hacían antes, simplemente háganlo más frecuentemente y con una mayor intensidad de las intenciones, ya que tienen las manos, los pies y la voz del Creador, y son estos los que procuran alcanzar el mayor cambio en los más cortos lapsos de tiempo, para aliviar la Elevación de la Tierra y la de Todos los habitantes...

Invocación a la Gran Luz Cósmica

Bien Amada Resplandeciente Presencia Yo Soy, Luz de mi alma, Luz de la Iluminación Cósmica, Luz de la Victoria y el Amor Cósmicos, derramándose en la Tierra desde la Fuente común, como la luz de mil soles, penetrando a través de la atmósfera terrestre, saturando toda la humanidad y los reinos múltiples.

Que todo lo negativo, la ilusión, las fuerzas encantadoras y el karma sean transformados por la nunca cesante Gran Luz Cósmica de Dios. Que la Gran Era Dorada de la iluminación, del amor, de la paz, de la hermandad y de la prosperidad de todos, sea establecida ahora en nuestro querido planeta con la ayuda de esta Gran Luz Cósmica. Con la autoridad de mi Bien Amada Presencia Yo Soy, con la autoridad de la Bien Amada Presencia Yo Soy de la Humanidad, de todos los Reinos de la Tierra, de la Luz del Padre/Madre, con la autoridad del Espíritu Unido de la Gran Hermandad Blanca

Declaro:

Como Hijo/Hija de Dios,

"Yo Soy" la autoridad en la Tierra, yo invoco a la acción la Luz de mil soles – que se derramen ahora en este amado planeta, para una transformación inmediata de la Tierra en una "Estrella Brillante", como es su destino, y para la ascensión de toda la Humanidad en su Eterna Libertad en el Reino de la Luz y la Perfección Divina. Yo pido, que la

Luz necesaria para la manifestación del Reino de Dios en la Tierra, encontrándose en los Cielos, se derrame ahora sin límites, en conformidad y acuerdo incondicional con el "Plan Divino Primordial del Creador para la Tierra, para toda la Humanidad y para todos los Reinos de la Tierra".

Y esto es así, Bien Amado Yo Soy.
(Toda la oración se repite 7 veces seguidas.)

Así transcurrían los días de Anicorima, ella debía obedecer el mandato de Ninle, no le permitía hacer a Anicorima las cosas por ella misma, desde cocinar, elegir que comer, lavar su ropa, Ninle también le arreglaba su habitación. Eran sus normas y debía acatarlas, no podía diferir a hacer algún cambio al respecto.

Ninle también hablaba demasiado, se encadenaba hablando, horas tras horas y nunca se callaba, cosas tontas y banales que no le importaban a Anicorima. Ella no lo soportaba, estaba obligada a escucharlo. Quizás por eso ella se volvía tan callada, era una forma pacífica de protestar en su contra, siendo lo opuesto de lo que es él.

-Yuirte me dijo que iba a estar ocupado y no me llevó a la fundación. Bueno mejor así, lo que salga, si no se da no se da. No voy a la fiesta de Tarkan.

-Mi amiga Sinde me dijo de su perrito, si lo vieras que bello, que preciosidad. Lo tocas por la cabeza y se mueve como un loco por el suelo.

-Que tonta esa gente afuera caceroleando porque llevamos varios días sin luz eléctrica. Son unos idiotas, no se dan cuenta de que no tenemos luz por culpa de la oposición. Con esos líderes que tienen, no van a llegar muy lejos. Además, el ataque cibernético fue fortísimo.

-Mira a ese pastor alemán, ven a verlo. No te parece lindo.

-Prepare la torta de lentejas, hoy la probamos a ver como quedó de dulce. También compré todos los vegetales y le puse bastante a la sopa de esta semana.

-Bajé al automercado, los precios están loquísimos, una vainilla grande cuesta seis mil seraviles. Se pasaron, solo pude comprar una cosita para la semana. No entiendo como las cosas pueden subir tanto.

-El pantalón que me dejó tu papa lo estoy usando bastante, ya llevo varios días en eso.

-Te conseguí la vainilla, mañana compro mostaza y más vegetales, para hacer una hamburguesa con las lentejas que tenemos.

-Una bandeja de pollo cuesta treinta mil seraviles, los precios están locos. No se los voy a comprar, me ven la cara de pendejo. Mejor me compro un cartón de huevos y hacemos tortilla hoy, tengo mucha flojera.

-Es sobre el Espíritu de San Valentín, con tu Plan de Recarga, para cambiar nuestras vidas, hay que preparar el conocimiento. La Felicidad con la que debe toparse en breve no se pondrá de manifiesto tan fácilmente. Se debe ser muy cuidadoso análisis de tu situación y tu ciclo astral.

Anicorima pensaba para sí misma: *¡Como te odio, ya cállate por favor!¡Déjame en paz!*

6

El Terrible Descubrimiento de Ninle

Una mañana luego de que Anicorima había ido a su trabajo, Ninle como de costumbre hacia su rutina diaria que iniciaba con su meditación. Se ponía a hacer varias cosas para mantenerse ocupada como oír la radio zevachista, ver el portal web de noticias zevachistas *"La Lagartija"*, algunas cosas pendientes en la cocina.

Estaba buscando la ropa sucia de la cesta para juntarla toda, se metió al cuarto de Anicorima para buscar lo que consiguiera de ropa sucia para lavar luego en la tarde, estaba buscando dentro del closet.

Buscó más profundamente y encontró una especie de libros ocultos detrás de unas carpetas grises, al ver que libros eran quedó horrorizado. Anicorima tenía sus libros escondidos de Ninle, eran obras de índole libertaria o anticomunistas:

- Del Buen Salvaje al Buen Revolucionario (Solcar Gelnar).
- Autoestima del Aleuzeviano: Democracia o Marginalidad (Lenuma Sorroba).
- La Independencia Cuestionada (Manger Sadam).
- El Libro Negro del Comunismo (Nilgorma Nepa).
- Camino a la Servidumbre (Keyha).
- Los Fundamentos de la Libertad (Keyha).
- Zevachistas en el Imperio (Tosca Docan).
- El Engaño Populista (Riaglo Zeralva y Xiale Ressak).
- La Conspiración de los 12 Golpes (Syath Vernalpe).
- Estado Delincuente (Teblanta Errta).
- El Gran Saqueo (Teblanta Errta).

- Libertad de Elegir (Tonmil Manfried).
- La Rebelión de Atlas (Yan Darn).
- El Manantial (Yan Darn).
- Rebelión en la Granja (Orge Wellor).
- 1984 (Orge Wellor).
- El Manual del Perfecto Idiota de Anaciremadus (Gasvar Sallo).

No solo eso también estas dos impresiones con unos mensajes antisocialistas que le ofendieron hasta su alma roja. Uno de ellos era una especie de meme o burla del pensamiento zevachista:

Amigo Zevachista

Te has preguntado,
¿Por qué en el resto de Anaciremadus
No hay bachaqueros, ni escasez, ni colas,
ni inflación, ni tantos asesinatos, ni control de
cambio, ni concesionarios de autos vacíos, ni
tanto desempleo, ni raspa cupos, ni magnicidios,
ni discriminación, ni ultraderecha fascista?

Te están engañando.

Ninle estaba en shock él pensaba que Anicorima era una persona apolítica, que no le gustaba participar en ninguno de los bandos, que no era ni compatriota ni escuálida. Se estaba dando cuenta de su carácter libertario y anti-zevachista y esto le asqueaba por dentro, por tanto tiempo le había mentido.

Ninle comprendía ahora por qué ella era tan callada y de poco hablar, como soportaba todo sin aclarar su posición política ante él. Algo se había roto dentro de él, no soportaba la idea de convivir con una apátrida de la ultraderecha que apoyaba la guerra económica que estaba hundiendo al sistema revolucionario de Aleuzenev.

Tenía que tomar acciones al respecto y debía hacerlo ya, esto era una ofensa muy grande y no podía quedarse así.

7

El Secuestro de Anicorima

Al día siguiente a las seis y treinta de la tarde, solo faltando una media hora para la cena obligada Ninle llama a Anicorima para darle una sorpresita. Anicorima desanimada y con su talante inexpresivo de aguante emocional, se dirige hacia allá.

-Anicorima me alcanzó para comprar un poquito de cacao en polvo y nos queda algo de la leche en polvo de la caja, hice para el postre algo de chocolate caliente. ¿Prueba esta taza a ver si está bien de dulce? -, *son las amables palabras de Ninle hacia Anicorima.*

-Está bien a ver como esta-, *de mala gana Anicorima toma la taza de chocolate caliente y se lo bebe*- está bien de azúcar tío Ninle, para después de la cena.

Anicorima se va a su habitación, se acuesta en la cama esperando que pase rápido el tiempo y que la incomoda cena se termine rápido, para encerrarse y que ya se haga el día siguiente.

Sin embargo, se siente extraña, como un sueño emancipador y extraño. Cada vez se siente más débil y cansada, hasta que pierde el conocimiento.

8

Primer día de Secuestro: *Comienza el Infierno Rojo*

Eran las siete y treinta de la noche, Anicorima se despierta con un fuerte dolor de cabeza, se sorprende de estar en un cuarto totalmente tapizado de color rojo, piensa que era el sótano oculto que no había visto nunca por estar bajo llave. Odiaba el color rojo y eso le hacía sentirse muy incómoda, camino un poco inspeccionando las paredes y vió que no tenían ventanas. La puerta era metálica y también de color rojo, había una especie de ventanilla en la parte superior que solo se podía abrir desde afuera, por debajo una especie de apertura como si fuera para el paso de una mascota.

En pleno momento de confusión y duda, el rostro de su tío Ninle aparece con una grandilocuente sonrisa de victoria revolucionaria y socialista.

-Te gusta mi sótano, espero te acostumbres al eterno color rojo, símbolo de lucha comunista y revolucionaria. Este será tu hogar por mucho tiempo, en tu momento de reflexión e iluminación que te hace falta.

-Tío Ninle, no entiendo… por favor sácame de aquí. ¿Por qué me haces esto? No es chiste, te lo digo en serio.

-Porque descubrí la verdad, que eres una escuálida, pitiyankee, apátrida, traidora de la patria, y antirrevolucionaria.

-Si por desear la libertad de Aleuzenev soy todos esos epítetos que dices, no tengo ningún problema con eso.

-Me has decepcionado Anicorima, viviendo bajo mi techo y me traicionas, me apuñalas por la espalda, como me has lastimado.

Cuando vi todos esos libros derechistas y falsos que han contaminado tu inocente y fútil mente…

-Espera, yo no soy de derecha. Yo soy libertaria, estoy en el centro y tan solo tomo lo mejor de la derecha y de la izquierda, lo que considero rescatable de cada una. Por favor, no quiero discutir contigo, a mí no me gusta los conflictos, ni la violencia.

-No te voy a dejar salir Anicorima, no hasta que seas una revolucionaria como yo, de pura cepa aleuzeviana.

-Es decir, que me estas secuestrando….

-Si lo estás, hasta que yo te convierta en lo que nosotros llamamos *"El Hombre Nuevo"*, voy a comprobarte a ti y al mundo entero que el Raxmismo si es funcional y se puede crear un Hombre Nuevo sin egoísmos, necesidades ni Estado. Vamos a debatir de ahora en adelante, hablar e intercambiar ideas. Yo te escucho y tú me escuchas a mí, como un diálogo socrático compartido.

-Tío Ninle, no tiene ningún sentido lo que me estás diciendo. En serio deja el chiste y sácame de aquí. Si te molesto con mi presencia yo me voy y me alejo de ti, pero por favor sácame de aquí. Yo no voy a decir o hacer nada para perjudicarte. Solo déjame ir, te lo suplico tío Ninle.

-No, aquí se hace todo lo que yo diga. A partir de este momento ésta es mi dictadura y estas obligada a obedecerme, como una soldado de la revolución. Hoy empezaremos hablando de temas libres, de lo que nos salga para conocernos bien. A partir de mañana será más temático y específico, aprenderás cosas nuevas que despertarán tu conciencia revolucionaria.

-Tío por favor, no podemos dialogar o llegar a un acuerdo, pacíficamente para que me dejes ir…

-No lo hay, no te serviría de nada. Yo gano más tiempo y tu seguirás secuestrada. Haces las cosas a mi manera sí o sí. Dime porque tu odias tanto al zevachismo, los luchadores revolucionarios de la patria grande de Varlibo y de Zevach. ¿Tanto odio y resentimiento le tienes a la patria? ¿No te has dado cuenta cómo te han engañado los medios de la derecha internacional?

-Ustedes han desmantelado el concepto de democracia representativa y los principios liberales, esa mentalidad populista que ha abusado una y otra vez de la democracia, manipulando las instituciones y diversos mecanismos para concentrar el poder en el Estado y destruir las instituciones democráticas y republicanas.

-Delirios de la derecha, aunque si hay cosas que se deben cambiar. Ayer estaba viendo unos restaurantes de lujo en la parte este de Sacarac, lujosos y costosos, casi nadie puede comer allí. Dime algo, ¿Eso te parece justo? Que el pueblo no pueda comer en esos lugares tan elitescos... Eso lo que genera es desigualdad. Yo propongo que hay que expropiarlos en nombre de Zevach y la Revolución, para que el pueblo pueda comer.

-Tú estás loco de remate, si hay alguien que se ha ganado su dinero trabajando honestamente y puede darse el lujo de comer en esos restaurantes costosos... ¿Cuál es el problema con eso? ¿Tanto resentimiento social tienes por dentro?

-Yo te voy a decir lo que sí es injusto, que una persona que gane salario mínimo de 18.000 seraviles no pueda comer, va a un automercado y se compra:

- 1 kg de Arroz blanco que le cuesta 15.000 seraviles.
- 1kg de Carne que le cuesta 15.000 seraviles.
- 1 kg de Pollo que le cuesta también 15.000 serviles.
- ½ Cartón de Huevos que le cuesta 5.000 seraviles

-Es decir, se gastaría 50.000 seraviles y solo gana una quincena de 9.000 seraviles... como hace una persona normal para comer con esta hiperinflación provocada por ustedes mismos ¿Eso te parece justo? La gente de Aleuzenev está pasando hambre y a tu adorado Yeir Oromud no le importa.

-Que risa me dan ustedes los escuálidos, que falacias tan irónicas de tu parte. Como esos supuestos líderes de la oposición dando esas fechas que ya triunfaron y que este gobierno revolucionario va a caer, ilusos la Revolución va a paso de vencedores.

-No es sencillo, es un tema muy complicado. Es consecuencia del coqueteo político que Zevach inició con la bestia del Líder Supremo Ortsac, en realidad no hay dictadura de Yeir Oromud, solamente existe la prolongación de la tiranía ortsacista y la implantación del socialismo de corte ortsacista. Yeir Oromud es solo un títere de la Anavah, no hace más que seguir los dictámenes.

-Los acubanos ortsacistas dominan todas las actividades fundamentales del sistema, hasta hay generales acubanos que dan órdenes los militares aleuzevianos. La Constituyente tan famosa de Zevach es acubana, fue redactada en la Anavah. Los acubanos son expertos y tienen casi sesenta años de experiencia en como manipular a las masas, en subversión, terrorismo, represión y cuando haya que hacerlo lanzan a alguien que molesta del 8vo piso de cabeza para parezca un suicidio. Y se ha casado al pueblo con la gran mentira para obligarlo a vivir con ella.

-No te creo nada, pero dime que es lo que ves actualmente en Aleuzenev.

-Veo lo siguiente y me causa un poco de dolor:

1. Un sistema podrido no puede regenerarse con un *outsider* con *"yo no soy como ellos"* como única credencial.
2. Si alguien les promete arreglar todos sus problemas a cambio de todo el Poder, va a tomar el Poder y no va a arreglar sus problemas, no importa el signo ideológico.
3. Una democracia **nominal** puede votar por desmantelarse a sí misma.
4. La Enfermedad de Dalanho es real.
5. La gente está dispuesta a aceptar la pérdida de sus libertades, la corrupción y la incompetencia mientras tenga qué comer y unas cervezas el domingo mientras ve el fútbol (o en este caso, béisbol), haya elecciones o no, y sean estas limpias o no.
6. Luego, la legitimidad de un régimen no depende de cuán eficiente o democrático es, sino que cuán dispuesto esté el Pueblo a aguantarlo.

-Tanto que te quejas, ni siquiera han podido sacar a nuestro gran líder Yeir Oromud…

-Zevach y Yeir Oromud no son genios, solo han seguido al pie de la letra tácticas de líderes revolucionarios. Se implantó una estructura de dos clases: *La elite política receptora de todos los beneficios que puede proveer la riqueza de una nación y una elite pobre*, cuyo único derecho es el de ser iguales todos. En otras palabras, los que tienen el poder y los que lo padecen.

-Buscan establecer la mejor forma de control social posible, borrar del inconsciente colectivo la idea de la individualidad y creatividad, todos deben ser iguales. No pensar y pensar se convierte en una actividad subversiva y ser agradecidos con su comandante, el gran líder supremo. No hay espacio para ser diferente, como en una mafia, la cosa se convierte en algo muy simple: *estás conmigo o estás contra mí*. Y si estas en mi contra, te extermino, te desaparezco o te borro. Esto lo han hecho todos los líderes comunistas y revolucionarios a lo largo de la historia: *Oma Dung, Ninstal, Ortsac, Zevach*.

-Por eso es tan complicado, se debe llegar a la causa raíz del caso.

-Entonces dime, porque no pueden tumbar a nuestro gran líder revolucionario Yeir Oromud.

-Porque en Aleuzenev se ha implantado un arrasador método de control social utilizando el hambre y la enfermedad como medios de dominio. Ninstal mato a cinco o seis millones de campesinos de Aniucra de hambre, los siete millones de campesinos que se estima que Oma Dung mato en Anich. En Acub se creó un sistema único y muy perverso también. Primero fue la "*Expropiación de los medios de producción*", con este primer paso se eliminaba la libertad de poder sobrevivir cultivando su propia comida.

-El segundo paso fue el "*Establecimiento de control de alimentos y racionamiento de los mismos*", que buscaba garantizar la lealtad al Régimen. Lo más maléfico de todo es que al mismo tiempo se desarrolló un excelente sistema de salud. Es algo sádico, casi matar de hambre y torturar a la población y cuando esté moribunda la salvan, para poder seguir sometiéndola y torturándola. Es un ciclo de extrema maldad, como gozan viendo a su gente haciendo equilibrio entre la muerte por inanición y la salvación por la ciencia médica.

-El tercer paso es la "*Gran Purga*", es simplemente que los militares sospechosos, políticos que no negocian, civiles que protestan o están en contra de régimen son sapeados por patriotas cooperantes, por sus vecinos hambrientos por una caja de clap. Para encarcelarlos, torturarlos terriblemente y todo al propio estilo acubano.

-No solo eso, Yeir Oromud no cae porque las fuerzas armadas, los funcionarios policiales y los colectivos paramilitares armados forman parte de esa gran mafia que montó Zevach en Aleuzenev, la mafia que se robó al estado y dilapido sus recursos comprando lealtades en sistemas más pobres y jodidos que ellos y entregando el manejo de la seguridad nacional al 2G acubano. Demostrando así que ellos, defienden a Aleuzenev de la injerencia extranjera...con la que no estén de acuerdo.

-Deja de consumir esas drogas, Anicorima. El gran sistema de Acub es la luz de lucha revolucionaria por estos lares. Además, esos líderes de la oposición son unos títeres del imperio de Dosumi Dosesta, payasos escuálidos de pacotilla...

-Tu nos acusas de ser cachorros del imperialismo, títeres instrumentalizados por Dosumi Dosesta para derrocar Yeir Oromud en Aleuzenev. Yo te pregunto una cosa ¿El Régimen no es un títere instrumentalizado por Acub y sistemas de la Galaxia de Aisurnich como lo son, Aisur, Anich, Quiatur, y en menor grado Viabol y Guacani para mantenerse en el poder indefinidamente?

-Digas lo que digas, nosotros estamos orgullosos de nuestra patria. Estamos muy orgullosos de nuestra democracia social, participativa y protagónica, que ha demostrado ser siempre efervescente y con acontecimientos, siempre preguntándole al pueblo y siempre el pueblo decidiendo los destinos de este sistema a través del voto. Así es la democracia en Aleuzenev. Siempre que hay elecciones, desde las primeras horas hemos observado la constitución de las mesas electorales, siempre con todo desenvolvimiento y normalidad. Que buen trabajo hace nuestro Centro Electoral Aleuzeviano.

- ¿Qué elecciones, las últimas de concejales de hace pocos días? Ya estamos hartos de los engaños, eso fue una gran farsa hecha por una constituyente acubana e ilegítima, la cual no es reconocida ni por los aleuzevianos ni por la comunidad de sistemas internacionales. Ese CEA (Centro Electoral Aleuzeviano) es un operador de Acub y de un Estado Criminal, nadie cree en esas falsas elecciones, son una vergüenza. Insisto, eso no es una elección…

-Que cerrada eres Anicorima, por eso es que eres una miserable escuálida muerta de hambre. Esas elecciones fueron muy civilizadas y organizadas.

-Digamos que sucedieron, que va a ocurrir el día de mañana, habrá menos inflación…menos muertes. No va a ocurrir nada, esas acciones solo están diseñadas para bajar la presión y darle más tiempo a esta narco-dictadura.

-Y sigues con lo mismo…

-Aleuzenev está en riesgo, mucha gente muere por la violencia de la cual no solo son responsables los criminales, sino los que han mantenido este sistema que permite que el crimen y el hampa opere de manera impune y que masacra a nuestro pueblo. ¿Cuántos muertos son todos los días? ¿Cuantos han muerto estos diecisiete años de dictadura genocida, de los que ni nos hemos enterado?

-Yo no soy indolente, a mí me duele ver todos los casos de los asesinados por la inseguridad, en esas carreteras obscuras y por la criminalidad desatada; los que mueren por falta de medicinas y alimentos. El responsable de todo este genocidio es Yeir Oromud, el causante directo de todas esas muertes y de las decenas que mueren todos los días y nadie se entera.

-No, eso no te lo acepto. Ningún organismo de derechos humanos ha responsabilizado a Yeir Oromud de ninguna muerte, me estas mintiendo Anicorima, eres una mentirosa.

-Responsabilizas a nuestro gran Líder Yeir Oromud de asesinar a gente. ¡Has mentido y cuando alguien comete un error debe reconocerlo, has cometido un error, reconócelo! Lo que si te puedo decir es que en Aleuzenev existe una plena libertad de expresión para movilizaciones de carácter político u opositor.

-Yeir Oromud no sirve como presidente, es una basura y queremos que se vaya... Aleuzenev es muy hermosa y van diecisiete años de miseria y pobreza, ya basta. No es que las cosas les salgan mal, todo es deliberado e intencional, es el estado fallido y forajido. Nos encierran más y más y otros lugares se expanden como campos de guerra llenos de grupos criminales. No me vayas a decir que esto se resuelve con nuevos diálogos y farsas electorales, acuerdos y convivencias con estas mafias. A este Régimen hay que enfrentarlo con la fuerza, no con debilidad e indiferencia.

-Suenas como una comediante de mierda muy mala Anicorima...

-Nosotros vemos con vergüenza como la fuerza armada si no salen a reprimir, entonces usan en algunos casos a criminales que sacan de las cárceles y los uniforman como policías o soldados. A los soldados los obligan a trabajar junto a los colectivos, hasta el punto de que ellos tienen más beneficios que los propios soldados.

-Lo triste es que al final todos somos víctimas de la dictadura, estamos condenados todos a la basura moral. Ustedes los izquierdistas comunistoides me dan asco, defienden a ladrones y asesinos solo por ser de izquierda, se defienden entre ustedes mismos. Mantienen a un tirano.

-Estábamos hablando de las elecciones y te fuiste más allá con tus jodidos disparates alucinógenos.

- ¿Qué elecciones? Te lo repito, eso fue una falsedad. Menos del 12% de la gente fue a votar, parecía un cementerio. Nadie fue a votar, ni nosotros ni los zevachistas a pesar de que les ofrecían perniles y bolsas de comida.

-Tienes que tenerme más respeto, el Socialismo ha triunfado en otros sistemas de la Galaxia de Aeporeu y en Nadaca, dándole felicidad a la gente, eso es lo que deseamos para la Revolución Varliboriana de nuestro gigante Zevach. Ni hablar de los proyectos tan interesantes de Anich y Aisur.

-El problema es que tú, como muchos otros, usas la palabra socialismo sin saber muy bien qué es. Un sistema socialista es aquel en el cual todos los medios de producción están en manos del Estado. No existe la iniciativa privada y todo está centralizado.

-Ciertamente, Nadaca no es socialista en absoluto. Tampoco lo son Ciasue, Garunor o Caranadima, países admirados por sus avanzados estados de bienestar. Tampoco lo son Niamale, Dalanho ni ninguno de los sistemas desarrollados de la Galaxia de Aeporeu.

-Todos esos sistemas funcionan con economías de mercado y son muy competitivos. El hecho de tener Estados que recaudan impuestos y los distribuyen eficientemente para beneficio de la sociedad no los convierte en socialistas, porque toda esa riqueza recaudada a través de impuestos proviene de la actividad privada, que opera con libertad y es muy dinámica. Este modelo es conocido normalmente como democracia social o socialdemócrata, y no está reñido con el capitalismo, sino que se alimenta de él. Sin actividad privada, no hay nada que repartir.

-No hay ningún sistema en la historia de todas las galaxias con un modelo socialista o comunista que haya sido exitoso. En el caso de Anich, ellos empezaron a ser exitosos cuando cambiaron el modelo económico a uno de libertad económica, pero manteniendo el control político comunista. Aisur lo mismo, una dictadura como la de Anich, más que todo una autocracia que al caer la cortina de hierro del comunismo, empezaron a aplicar una economía de mercado abierto. Pero al mismo tiempo con un férreo control social.

-Anicorima, el capitalismo es un sistema basado en la avaricia y el socialismo en necesidad humana.

-Es mentira lo que dices, es lo opuesto. Te lo voy a probar, si tu vendes algo que creas que es útil, que la gente necesita vas a tener éxito y prosperarás, sino fracasas. Así es el libre mercado motiva a las personas a mejorar al satisfacer las necesidades de otros. Nadie inicia un negocio para solo beneficiarse a sí mismo, el consumidor es el que tiene el poder real. En un estado socialista es el gobierno el que tiene el poder real, el estado decide cuales son las necesidades de la gente en vez de millones de personas que deciden acerca de lo que quieren.

-En un estado socialista una pequeña elite del gobierno decide lo que debes tener y cuanto tienes que pagar por ello, siempre esto lo hacen mal. Pocas personas conectadas con el gobierno no pasan necesidad, pero la mayoría no tiene suerte y sufren por ejemplo la escasez de papel toilette.

-Por ejemplo, nosotros éramos el sistema más rico de la Galaxia de Anaciremadus, somos el mejor caso para demostrar como el socialismo conduce a un sistema próspero a un desastre económico.

-Estas engañándome con toda esa mierda, que me dices entonces de los sistemas socialistas de la Galaxia de Aeporeu tan exitosos que viven bien con salud gratuita, sindicatos fuertes, universidades gratuitas.

-Ya te lo dije hace rato, pareces sordo. No los hay, son tan capitalistas como Dosumi Dosesta, sólo que esos gobiernos ofrecen más beneficios y sólo una economía capitalista de libre mercado puede producir la riqueza necesaria para mantener ese sistema de subsidios de cosas supuestamente gratuitas y que no lo son.

-Para tener esos beneficios, ellos deben generar la suficiente riqueza para tener suficientes ingresos por concepto de impuestos para poder darle eso a la gente. Sin capitalismo eso no se puede hacer, todo lo que necesitas es tener sentido común.

-Los que apoyan el socialismo no saben que están contra de que ellos mismos puedan tener mejores empleos y salarios y hasta libertad personal. El capitalismo conduce a la democracia económica y el socialismo a la dictadura económica de una elite, siempre y en todo lugar.

-El comunismo y el socialismo se basan en quitarle libertades a sus ciudadanos, jamás serán exitosos, ya se sabe que son un fracaso. El Régimen Comunista es un pequeño grupo de usurpadores del poder y los bienes del Estado y esclavizan al resto de los ciudadanos, te obligan a ser dependiente.

-Anicorima, no entiendes la teoría básica de Raxm. El Estado no es necesario, la dictadura del proletariado ya produce la igualdad en sí misma y todos somos felices.

-Hay que ser un iluso para creer esas fantasías utópicas, románticas y tontas. Es horrible que un ser humano no tenga libertad y esté siempre subordinado a un poder. Ya van diecisiete años de fracaso que llevamos arrastrando, es algo inédito esta mezcla de: *comunismo, socialismo, populismo, militarismo, autocracia, dictadura, corrupción, narcotráfico, terrorismo internacional, tiranía...* una mezcla loca sin identidad propia, eso es Aleuzenev hoy en día.

-En nombre de los pobres crean más pobreza y aniquilan a los que desean la libertad. Es que el liberalismo tiene sentido común, que tengas el fruto de tu esfuerzo y que no venga el Estado a quitarte más de lo razonable. No podemos seguir confiando en un socialismo autocrático y anacrónico que no ha funcionado nunca como modelo de mercado.

-Son tantos los cambios que habría que hacer con un gobierno de transición, por ejemplo, eliminar esa lista del clap y el carnet rojo. En un sistema serio la gente tiene que trabajar y no estar esperando las dádivas y limosnas de un Régimen tramposo, que todo lo que quieren es tener a su favor a la gente dándole dinero.

-Eso es lo que tu planteas, no lo comparto, paso a cambiar el tema. Yo si te digo Anicorima estoy cansado y necesito que lo comprendas, acabamos de descubrir un plan desestabilizador del sistema de Biamoloc, para agredir a Aleuzenev. Nosotros no nos metemos con ellos, pero ellos si serán responsables si algún día Biamoloc agrede militarmente a Aleuzenev.

-El presidente de Biamoloc es el que dirige personalmente la preparación de acciones contra Aleuzenev, así lo denunciamos al mundo, con el financiamiento de la Asca Cablan.

-Sépanlo bien que contamos con 1.6 millones de milicianos que defenderán el territorio de cualquier ataque externo, que busca llenar de violencia Aleuzenev y para buscar una intervención militar extranjera. A los milicianos les digo que se preparen para defender cada palmo del territorio nacional y si algún día se atrevieran a tocar Aleuzenev, la milicia y la Fuerza Armada Nacional Varliboriana deben salir a expulsar a cualquier fuerza invasora.

-Yo estoy muy orgulloso de nuestras milicias revolucionarias, hemos hecho una gran inversión para uniformar a todos los milicianos y milicianas, para garantizar su acceso al sistema de armas del sistema.

-Puede ser que una fuerza imperialista entre en algún lugar del sistema, pero lo que sí pueden saber los imperialistas es que no van a salir vivos de aquí.

-Ustedes los izquierdistas, siempre con su imperialismo de pacotilla culpando a un agente externo de sus cagadas ideológicas.

-La Revolución Varliboriana y Zevachista apenas está comenzando, dentro de cincuenta o sesenta años Aleuzenev seguirá siendo gobernada por un revolucionario o una revolucionaria.

- ¿Cómo la Dictadura Comunista Acubana, que tienen esclavizada a la isla por más de sesenta años? Qué vergüenza contigo de verdad…

-Tú lo dices porque has sido víctima de la campaña de odio de la ultraderecha internacional contra Aleuzenev. Esos mercenarios de la comunicación que alaban a la IV República, cuando en ese momento se violaban los derechos humanos de los aleuzevianos, por eso los revolucionarios y revolucionarias debemos estar unidos ante cualquier circunstancia. Los trabajadores y trabajadoras socialistas, aleuzevianos y aleuzevianas, camaradas y camarados, tenemos la responsabilidad de velar porque ejerzamos el derecho del voto. Hoy el enemigo está más vivo que nunca, el imperialismo se quitó la careta.

-No hay nada más estúpido y sin sentido que votar en dictadura, anda a engañar a otro idiota con tu discurso barato. Ni siquiera producimos nada valioso, todo lo importamos para que ustedes hagan negocios con sus comisiones en seradoles.

-Es que todos debemos producir, en la revolución no vamos a excluir a nadie; para que todos sepan. El que quiera que venga para acá, estas son las condiciones, vamos a trabajar por nuestro sistema, llegó la hora de producir. Para eso tenemos a los consejos comunales para aplicar nuestras políticas socialistas de producción.

-Por favor el estado comunal es lo peor que pueden hacer, no queremos que se implante el comunismo en Aleuzenev.

-Maldita sea, ya cállate, ¡es la hora de producir! No puede ser el presidente, el gobernador o el alcalde solos. Juntos sí podemos todos. Es la única manera de sacar el sistema adelante y cuando uno se canse lo auxiliamos y lo ponemos a un lado y cuando se reponga a continuar la lucha y que se incorpore, pero no creamos nosotros que una sola persona lo va a poder hacer.

-Yeir Oromud ha pedido apoyo, ha pedido ayuda y con esta guerra económica que tienen contra el pueblo y contra ustedes deberíamos estar aún más unidos para que las cosas rindan y se les dé la utilidad justa y necesaria.

-Palabras vacías, solo para imponer su sistema comunista para seguir manteniendo al pueblo en la miseria.

-Tenemos paneado elevar las leyes del poder comunal, vamos a convertir las leyes del poder popular y las leyes del poder comunal en leyes constitucionales para elevar el rango de esas leyes a rango constitucional ¿Y eso qué significa? Significa algo muy sencillo, que para ser modificada tienen antes que convocarse una Asamblea Nacional Constituyente.

-Porque ustedes saben que la derecha aleuzeviana odian todo lo que sea de la organización del pueblo. Ellos fueron al Tribunal Supremo de Justicia a solicitar la nulidad de las leyes del poder popular y de las leyes de las comunas, ellos introdujeron sus papeles porque no quieren que el pueblo se organice, le tienen terror a la organización del pueblo.

-Se que estás molestas conmigo, pero el trabajo hay que hacerlo en el área económica. Yo creo que ahí hay una experiencia que nos va a permitir buscar el equilibrio en esos temas. En primer lugar, se está hablando de precios acordados. Yo creo que debemos avanzar hacia lo que se llaman los precios justos. También debemos ir a las ganancias razonables. En este sistema se le permite un 30% de ganancia, pero en cualquier sistema eso es una exageración, Anicorima. Es más, el 10% se considera una ganancia excesiva y aquí les damos ese espacio de hasta un 30%.

-Ustedes cada tres meses dictan medidas que afectan a las empresas, aumentando el salario mínimo entre otras cosas.

-Tenemos que ir a un sistema de precios justos y salarios dignos... un salario que no solamente te alcance para comer sino para, digamos, que el trabajador pueda dignamente mantener a su familia; cubrir los gastos básicos… por eso debemos luchar por la protección del salario en la que Yeir Oromud se ha empeñado y ha estado vigilante; pero por supuesto que todavía hay un desequilibrio entre los precios que vemos en la calle y lo que está ganando cualquier trabajador. Incluso, podemos decir que ningún salario soporta la agresión que estamos observando, que es un capitalismo salvaje, un sistema de ganancia obscena y que lo que el Ejecutivo está buscando es restablecer el equilibrio a través de la intervención del Estado para que las cosas vuelvan a su cauce.

-Medidas como la necesidad de aumentar los servicios públicos, no podemos seguir prestando bienes y servicios por debajo de los costos de producción. Eso no lo soporta ninguna economía.

-Ojalá pensaran así cuando obligan a los comerciantes a vender ciertos productos importantes como la carne a precios por debajo del costo de producción y distribución, obligándolos a quebrar. Claro, con la ayuda del bendito Control de Cambio, que vergüenza que Aleuzenev y Acub sean los únicos sistemas con eso aplicado, mientras los demás sistemas tienen una economía libre.

-El control de cambio se debe mantener… en las divisas que recibe el Estado, sea goldast, oro, trancol… sin embargo, yo modificaría la Ley de Ilícitos Cambiarios para permitir que el sector privado, en las casas de cambio y de acuerdo con la oferta y la demanda, pueda traer sus seradoles para las operaciones en seraviles que necesita… el control de cambio debe ser para las divisas del Estado.

-Palabras vacías lo que dices, el estado comunal no funciona y eso esta históricamente comprobado. Por poner solo un ejemplo, asignarles a las comunas setecientas empresas no debe hacerse como si fuese un pedazo de torta, sobre todo un sector tan importante como la producción del sistema, lo que debe hacerse es plantear una alternativa en la que se pueda evaluar perfil, características, cualidades de una persona capaz de dirigir una empresa en particular y consultarlo previamente con los trabajadores.

-Esa repartición sería una especie de partidización de esas empresas y jugar en contra de los ciudadanos. Como con el carnet rojo, es injusto la obligación de tenerlo para acceder a los derechos que corresponden a todos los aleuzevianos.

-Hacemos énfasis en que lo más importante en el tapete es colocar lo que debe hacerse y no es entregarlo a esas comunas para que las dirijan, no tenemos certeza de que ese sector social tenga una persona con condiciones para dirigir setecientas empresas.

-Anicorima el objetivo es construir una revolución socialista, son reclamos legítimos y además justificados. Lo más conveniente es que esta lucha no se quede solo en reivindicaciones salariales, sino que se unifiquen por reivindicaciones en conjunto para el área.

-Es que lo manejan muy mal, cualquier ajuste salarial que hagan se convertirá en sal y agua, ante la hiperinflación de casi 1.500.000%. La solución al tema económico es cambiar las políticas desde el Ejecutivo. Entregarle empresas a gente no capacitada para ello, como los militares también; pensando cubrir la crisis económica y la especulación... es solo cambiar las mafias civiles por las militares y van a continuar la reventa y distribución a precios especulativos.

-Que discurso tan falso sale por tu boca escuálida, sigues oyendo la campaña de desprestigio del imperio de la Galaxia de Anaremareton. Ese sistema que pretende pisotear a los sistemas de la Galaxia de Anaciremadus, pero ellos están dando los últimos coletazos de animal prehistórico que está condenado a la extinción.

-Ese imperialismo está mostrando debilidad y casi de terapia intensiva en su proyecto. Buena parte de la agresión de los anaremaretones contra Aleuzenev garantiza la reelección del presidente de Dosumi Dosesta. Te lo digo en serio nuestro gran líder Yeir Oromud tiene una obsesión sana de lograr relaciones diplomáticas de respeto con la galaxia de Anaremareton, esa obsesión también la mantuvo nuestro Gigante y Eterno Líder Supremo Yeir Zevach. Yo creo que esa es la obsesión de los presidentes de la revolución varliboriana, en este caso Yeir Oromud. Es una obsesión sana en cómo lograr dialogar y que se respeten ambas partes en ese diálogo. El respeto mutuo, como hemos dicho, es parte fundamental de la diplomacia varliboriana. Seguramente si nosotros tuviéramos un arsenal nuclear sí habría una foto entre Yeir Oromud y el presidente de Dosumi Dosesta.

-Sí creo que vamos dando unos pasos y yo creo que hay voceros autorizados, interesantes, con algunos senadores de izquierda, con quien tuvimos la oportunidad de reunirnos en nuestra visita a Tonishaw; hay una serie también de congresistas del partido demócrata que quizás, en las elecciones prontas del Congreso de Anaremareton, puedan asumir la mayoría de una de las cámaras... hay que lanzar puentes; hay que siempre tratar de llegar con nuestra verdad, respetando al pueblo de Anaremareton e incluso respetando su Gobierno... nunca haciéndole el juego al imperialismo ni cediendo en nuestros principios, pero es parte de la paz. Parte de la paz en la región es que Aleuzenev y los anaremaretones se entiendan y se respeten.

-Iluso, ellos no son tan tontos para negociar con unos comunistas como ustedes, con los comunistas/socialistas no se puede negociar siempre te apuñalan por la espalda en lo que te descuidas. La única solución es sacarlos por la fuerza, es el único lenguaje que entienden ya que no van a querer salir por las buenas para perder todos sus lujos y privilegios.

-No sabes lo que dices, me demuestras tu ignorancia con tus palabras escuálidas. Estamos siendo atacados mira cómo nos tienen el sistema eléctrico. Las camaradas y los camarados, aleuzevianas y aleuzevianos todos, hemos sido objeto de la guerra eléctrica, nos atacaron la parte de generación y transmisión, nos hacen ataques masivos, ataques cibernéticos muy fuertes. Somos un gobierno organizado y no nos van a derrotar, quieren apagar el sistema, pero no lo han logrado y han fracasado. Hay mucha moral y ya estamos listos para restituir el sistema eléctrico lo más pronto posible. Es un sabotaje criminal técnico contra nuestro sistema de generación, por los dueños de los lacayos de la violencia, que como marionetas que son los que empezaron a repetir esa información, no fue una falla solo fue un sabotaje perpetrado por aquellos que están desesperados y nos intentan agredir, pero que han sido detenidos por la determinación del pueblo. Ha sido la agresión más brutal a la que hemos sido sometidos en los últimos doscientos años, agredieron el control automatizado de la regulación del sistema de la hidroeléctrica que abastece el 80% de la energía del sistema. El ataque consistió en alterar el software que regula los generadores de la central, los cuales automáticamente se apagan como medida de seguridad. Es culpa del imperio de Dosumi Dosesta, por estar involucrados en este saboteo cibernético que nos deja sin energía eléctrica Seguimos de pie en esta guerra económica y asimétrica de la cual somos víctimas.

-La guerra eléctrica anunciada y dirigida por el imperialismo de Dosumi Dosesta en contra de nuestro pueblo será derrotada. Nada ni nadie podrá vencer al pueblo de Varlibo y Zevach. ¡Máxima unidad de los patriotas!

-Ustedes son expertos en el cinismo y la mitomanía, ustedes mismos se han encargado de destruirlo, con el vandalismo y la desviación de recursos, por su corrupción la empresa estatal eléctrica está decadente. Dejen de felicitarse y haciendo actos públicos hipócritas, el pueblo ya no es ciego y sabe lo que está pasando en el sector eléctrico. Siempre culpan a los demás de todo, ya parece un chiste. Lo que sucede es simple, por la falta de mantenimiento de los generadores estos dejan de funcionar o estallan. Por la falta de presupuesto para los mantenimientos es que no los hacen y por eso ocurren las fallas. Igual con el Subterráneo de Sacarac, no le hacen mantenimiento a las vías y a los trenes, por eso es que hay fallas y los servicios públicos son tan malos. ¿No les da vergüenza? Lo han destruido todo, nuestra industria del goldast está en quiebra. Estamos en emergencia por su culpa.

-Dime entonces bien y en forma clara cómo es que esto ha sucedido según tus argumentos infectados por la derecha apátrida.

-Estamos en emergencia y nuestras vidas están en riesgo, por la caída abrupta de la capacidad productiva de las empresas: *Las del Estado y las del Sector Privado muy limitado por las políticas gubernamentales.* Actualmente hay 560 empresas estatales, la mayoría de ellas expropiadas o estatizadas por el dictador Zevach y Yeir Oromud. 100% de esas empresas tienen un desempeño operativo negativo. Una vez que el *"Plan de la Patria"* se ejecutó esas empresas empezaron su declive. El error principal fue que en el tiempo de bonanza por los altos precios del barril de goldast, no se invirtió en desarrollo o mantenimiento con eficiencia. Aumentó el gasto, pero no la productividad, capacidad instalada y las obras para la gente, ese dinero no está ni en las arcas de Aleuzenev ni en su infraestructura. Por ese estado actual las empresas estatales de servicios públicos no satisfacen las necesidades de los ciudadanos, al mismo tiempo que la industria privada no puede operar. Un ejemplo muy concreto, la caída de la operatividad de las empresas del agua afecta a casi todos los sectores de la producción, la grave crisis del sistema eléctrico afecta la accesibilidad al agua, limita la actividad industrial y destruye la competitividad de sectores enteros.

El decaimiento de la industria petroquímica afecta a los fabricantes de plástico, el sector químico y a la agricultura que no tiene fertilizantes. La escasez de gas ha afectado a las empresas públicas y privadas, a pesar de las inmensas reservas de gas de Aleuzenev. ¿Ahora si me entiendes?

-Sigues siendo engañada por la derecha internacional. Nosotros los camaradas y camarados somos serios, en vista de la circunstancia de la presión del imperio de Dosumi Dosesta contra la Revolución Varliboriana, necesitamos cerrar filas de los cuadros verdaderamente zevachistas, revolucionarios y antiimperialistas.

-Por eso les hemos pedidos a los jefes de las comunas que se presente un censo de la verdaderamente familia zevachista. Que si llegara un momento de tener que repartir comida solo a nuestros cuadros, que ya tengamos identificado a las familias que le vamos a entregar. Sin ponernos la mano en el corazón, el que no es, no es, que necesita, que no tiene, pero no es compatriota, no es. Anicorima aquí estamos ahora en una etapa de definición real, más allá de que sabemos que el alimento es un derecho de todos, estamos en un tiempo de definición y necesitamos ese censo real, de nuestra gente y no de los guarimberos, guanibosos, asquerosos escuálidos y apátridas. Los que toda la vida han estado con nosotros, rodilla en tierra.

-Que errónea estas en tus falacias derechistas e imperialistas. Aleuzenev no está sola, la sensación que tienen algunos de que el sistema está aislado se debe a la brutal campaña mediática que la derecha realiza a diario. Todo esto lo hacen con el fin de desactivar y desanimar a la ciudadanía, generando pesimismo y rechazo al Gobierno de Yeir Oromud. Se persigue el mismo fin de esconder los alimentos para que el pueblo soberano varliboriano muera de hambre e inventando noticias falsas para sabotear las instituciones del Estado.

-Allí estas equivocado el pesimismo y la desesperanza que tenemos es por su culpa es parte del Proceso Acubano-Ortsacista de Operación Psicológica Totalitaria, empleada desde hace diecisiete años por los infiltrados agentes acubanos en Aleuzenev, todo esto con la ayuda de los medios de comunicación por el Estado Socialista-Comunistoide.

Son cuatro pasos los que aplican:

1. Confusión: La promueven con informaciones disímiles, creando falsos positivos, promoviendo todo un ambiente confuso.

2. Negar la Realidad: No importa lo que este sucediendo, sea evidente o no, la información oficial niega toda realidad inconveniente.

3. Promover el miedo: Uso del instinto de conservación como aliado, intimidando bajo figuras agresivas, amenazantes, sangrientas, estudiantes asesinados a sangre fría en las calles, lanzar impunemente a concejales que murieron accidentalmente durante la tortura desde un décimo piso, violencia, hambre, guerras civiles, etc.

4. Inducir desesperanza aprendida: Objetivo principal inmediato del impase totalitario, mediante la inducción de una sensación de derrota en la resistencia y siempre acompañada de una oferta de "*paz*" o tregua de clemencia oficial, nueva "*sensatez*" o "*dialogo*" a cambio.

-Todo lo que ustedes hacen es parte del manual acubano que ellos mismos heredaron de la Noinu Catisov. Son unos sucios e inmorales comunistas que ya deben salir del poder y dejarnos ser libres de una vez por todas.

-Sabes que Anicorima, ya oí suficiente de tus mierdas escuálidas. Eres un hueso duro de roer, me va a costar, pero voy a lograr someterte y convertirte. Ya te conozco mejor y no me gusta lo que veo, igual seguiré adelante con mi misión y mi ética revolucionaria. Hoy no te voy a dar cena, solo vas a comer dos veces al día y más nada, es tu castigo por no pensar como yo. Buenas noches, mañana empezamos con tu conversión al ideal zevachista, cueste lo que me cueste.

Luego de esto Ninle se va, estaba desconcertado por los argumentos de Anicorima cerrando la ventanilla con una gran fuerza y rabia contenida.

9

Segundo día de Secuestro: *El Gigante Eterno*

Ninle consideraba esa primera noche como el primer día de su secuestro, estaba conociendo por vez primera los argumentos de Anicorima para negar la grandiosidad y magnificencia de La *"Revolución Zevachista"* y del magnánimo y efervescente *"Socialismo del Siglo XXI".*

No se iba a rendir en su misión de conducir a Anicorima al despertar ideológico socialista, esa mañana le llevaba varias cosas al Sótano Rojo donde tenía captiva a Anicorima.

Anicorima se despierta a las ocho de la mañana con hambre, ya que Ninle le prohibió cenar la noche anterior, el inicio de toda esta pesadilla roja que la atormentaba. Había dormido en ese suelo duro e incómodo, rodeado de ese rojo infernal. Despierta y ya ve el rostro sonriente de Ninle tras la ventanilla de la puerta, encuentra varias cosas dentro del Sótano justo al lado de la puerta metálica roja.

-Anicorima buenos días, antes de iniciar la primera lección te comento de otros tópicos muy interesantes adherentes a esta situación tan particular. Llamé a tu trabajo y les dije que estabas enferma e indispuesta, que ibas a estar una semana de reposo. Después les llevabas los récipes médicos y toda esa mierda, ya no nos van a molestar en nuestras lecciones. Tu celular lo dejé apagado, había unos mensajes de textos de Namder, Lisab, Leidan, Otrebor y Rasec... les responderás luego cuando ya seas una patriota rodilla en tierra, como debe ser.

-Por favor te lo suplico, déjame salir de aquí. Te lo digo por las buenas, si me odias tanto yo recojo mis cosas y me voy, solo déjame irme de aquí. No me sometas a esta tortura de no poder ser libre...

-No seas tan melodramática Anicorima, todo está bien y excesivamente normal. Que exagerados son ustedes los escuálidos de mierda con eso de que Aleuzenev está mal, que la crisis humanitaria, el hambre... ¡Déjate de esas sandeces!

-Te dejé unas cositas mientras estaba en el sueño de Morfeo, allí tienes un sándwich con un poquito de mantequilla para que desayunes, no pude comprar queso esta semana porque esos comerciantes que le hacen juego a la guerra económica del imperio ponen todo carísimo y nos esconden la comida, hoy no me da la gana que almuerces... en la noche te traeré otra cosita para la cena. No te preocupes que es muy normal solo comer dos veces al día, es muy saludable para el organismo. ¿Te das cuenta de la mentira de la escasez de comida? El Gobierno Varliboriano nos ayuda en nuestra salud para que consumamos menos sal, harina, azúcar, previniendo el cáncer... No puedo con tanta gloria revolucionaria.

En ese momento Anicorima se come el pan con su vaso de agua respectivo, mientras Ninle no para de hablar ni un segundo.

-Te dejo la luz encendida para que tengas algo de electricidad, allí puedes ver dos tobos: *Uno con agua limpia y otro vacío.* El que tiene agua es para que te asees luego, tienes un pedacito de barra de jabón y un poco del líquido concentrado de champú, de la tienda de llenar envases. ¡Qué horror que el imperio y la oposición, no nos deje comprar champú normal y que nos haga picar la barra de jabón en tres pedazos para que dure más!

-El tobo vacío es para que hagas tus necesidades y tienes un rollo de papel de baño para que limpies tus partes íntimas. Y luego sales con la hipocresía de que yo soy malo contigo.

-Hoy me siento muy orgulloso y feliz como una lombriz, hoy iniciamos tu verdadero proceso educativo revolucionario. La primera lección será del hombre más importante, grandioso, genial, luminoso, magnífico, grandilocuente, magnificente, magnánimo, espectacular, glorioso, esplendoroso, el mejor comunicador de todos los tiempos: *El Comandante Zevach.*

-Nuestro gigante eterno, nuestro líder supremo que nos alumbró el camino hacia la Revolución Socialista, a través de debates, discursos y acciones políticas, nuestro Comandante Zevach fue construyendo un proyecto de transformación de la sociedad aleuzeviana, basado en el respeto, la unidad y la solidaridad.

-Yo defiendo el legado de mi comandante supremo. Yo soy un miliciano y debemos tomar riesgos... pero nunca perder la Patria.

- ¡Hoy tenemos Patria! Y pase lo que pase en cualquier circunstancia. Seguiremos teniendo Patria ¡Unidad! ¡Unidad y más Unidad! Como nos dijo nuestro Comandante Supremo en el 2012.

-Yo soy multiplicador del legado del más grande comunicador de todos los tiempos, como ya te dije: *El Comandante Zevach.*

-Es una contribución al desarrollo Integral de la Nación, estudiando nuestras raíces y como somos hoy los aleuzevianos y las aleuzevianas.

-Nuestro comandante supremo Zevach, gracias a este hombre cuya palabra llana y elocuente mostró al mundo la grandeza de la nueva independencia de Aleuzenev, para el Sistema de Anaciremadus. En él despertó la esencia del pensamiento de nuestras libertades.

-Un ser tan complejo, pero a la vez tan sencillo, un soñador que ponía de primero la satisfacción de las necesidades sociales humanas para definir el proyecto de la nación.

-Está bien, ya veo que esto va para largo. Solo un comentario antes de que continúes, empezando por el principio te digo esto. ¿No te llama la atención que un presidente se le llame *Comandante*? ¿Te parece eso normal? ¿Te parece normal que a la supuesta y usurpadora primera dama actual se le llame "*Primera Combatiente*"?

-Anicorima debes comprender todo el panorama. Nuestro Gigante Supremo y Eterno nos ha marcado el camino: *"El de la Victoria"*. Nuestro destino es la Victoria, nadie ni nada puede perturbar la paz de la Republica. Aleuzenev seguirá en paz este año y los años que estén por venir.

-Hemos tenido muchos logros que solo son posibles en un gobierno socialista, por ejemplo, la situación social de nuestros niños es mejor que en Biamoloc, tenemos un índice de 90% de escolarización.

-En estos diecisiete años de Revolución, todos y todas, tenemos acceso a alimentos de calidad y a precios justos. También hemos mejorado el sistema del Subterráneo de Sacarac con nuestra visión revolucionaria, ahora sí es de todos y de todas y para el beneficio de los usuarios y las usuarias. Hemos democratizado el voto, más de veinte elecciones organizadas por el CEA y la decisión de los electores y las electoras.

-Lo que tenemos realmente es una recesión continua que ha destruido el poder adquisitivo de los aleuzevianos. Todo gracias a tu falso Dios, como me enferma el fanatismo y como endiosas a un hombre de forma tan exagerada. Todo lo que tu difunto galáctico ha hecho es implantar un sistema de ideas arcaicas que solo causan destrucción donde son aplicadas, desolación y muerte de sus ciudadanos.

-Te pongo solo un pequeño ejemplo, cuando ocurrió el deslave de Sagvar en 1999, la indiferencia de Zevach para rescatar Sagvar y a todas las víctimas fue increíble. Primero rechazó la ayuda de Dosumi Dosesta con esas máquinas de alta tecnología para arreglar las zonas afectadas, solo por ser antiimperialista. Él ya sabía lo que iba a suceder, se tenía información de las condiciones atmosféricas y no hizo nada al respecto. Solo le importaba su llamado a las elecciones para la constituyente de ese año. No hubo la suspensión del proceso para atender lo humano, una total indiferencia gubernamental.

-Zevach fue un falso mesías que engañó a todo el mundo, prometió salvarlos de la pobreza y lo que hizo fue convertirnos a todos en pobres. Prometió mucho y ahora solo hay más corrupción y menos democracia. Instauró la mentalidad de que robar por hambre no es malo, que expropiar es algo bueno…dime si lo puedes interiorizar.

-Estas mal informada. Yo te voy a decir, lo que hemos logrado, gracias a nuestro Comandante Supremo:

- La Gran Misión Vivienda Aleuzenev.
- La Gran Misión en Amor Mayor.
- La Gran Misión Hijos de Aleuzenev.
- La Gran Misión Saber y Trabajo.
- Desarrollar la Democracia Participativa y Protagónica.
- La verdadera siembra petrolera en favor de la patria.
- Alcanzar los menores índices de desigualdad en la Galaxia de Anaciremadus.
- Llegar a los primeros lugares de la galaxia en acceso a la educación.
- El acceso universal a la salud.
- Disminuir significativamente el desempleo.
- Garantizar el acceso a los alimentos.
- Soberanía en nuestra política económica.
- Avances importantes en la soberanía tecnológica.
- Soberanía en Política Exterior y desarrollo del mundo multipolar.
- La Gran Misión Agro Aleuzenev.
- La ley de costos y precios justos.

-El Zevachismo está bien justificado. El espíritu subjetivo o la conciencia como Geleh la llamó, se fue transformando a un espíritu objetivo, se fue objetivando en un estado de conciencia política alrededor de la rebelión popular (4f, 27nov, el sacaracazo) y de su figura central. Esa objetivación hizo metamorfosis y se les llamo zevachistas, la Revolución Varliboriana, generando instrumentos de lucha más concretos que un espíritu. Esa mutación se dió en la conciencia de millones, transformó al sistema y convirtió al comandante Zevach en el héroe popular más rutilante del último siglo en Aleuzenev.

-Hemos logrado en Aleuzenev la independencia socialista. Tu no conoce los rasgos de ese personaje extraordinario, que por momentos puede pertenecer al realismo mágico. Gracias a nuestro Comandante Supremo, tenemos Independencia y Patria Socialista.

- Tienes mal las definiciones, para empezar el socialismo nunca es independiente, siempre se depende del estado.

-Las ideologías son ayudas de navegación para surcar los tiempos y los espacios dándole rumbos precisos a las sociedades y a las naciones.

-Las ideologías son peligrosas y muy dañinas para la gente. El Liberalismo es lo ideal, no es una ideología. Todo lo que ustedes hacen es un patrón, si pasa algo el régimen culpa a la oposición, ponen a presos a unos dirigentes. Ocurre un problema popular y el régimen sale con su show estúpido, porque la gente se la pasa con hambre buscando comida y no les creen sus tonterías. Ocurre otra cosa, el régimen lo sigue aprovechando para seguir metiendo más presos políticos y así sigue sucesivamente.

-Tengo que defender el legado del Comandante Supremo. Yo soy un multiplicador del más grande comunicador de todos los tiempos: *El Comandante Supremo Zevach.*

-Este es un compromiso lo juro desde mi corazón revolucionario, así como logramos vencer el intento de una guerra civil en el 2014, hoy vamos a derrotar y a someter con la ley en la mano a los que dirigen la guerra criminal contra un pueblo, es una gran batalla en los meses y años por venir, felicidades patrias, felicidades pueblo estamos de pie vivos y coleando, con la patria más viva que nunca que como diría nuestro Comandante Supremo.

-Debemos tener conciencia que lo más importante para un soldado aquí en la patria de Varlibo, lo más importante para una soldado o soldada en esta guardia nacional refundada por nuestro comandante Zevach es la moral, el honor, los ideales, la doctrina histórica varliboriana de nuestra guardia nacional.

-Ustedes guardianes del honor, de la moral y de la unión de la república y de la paz, tienen que sentir en su pecho, en su corazón que llevan guardado el sentimiento y la pasión patria de dos gigantes el fundador y libertador Varlibo y el refundador también libertador del siglo XXI nuestro Comandante Zevach.

-Nos dejó el glorioso Plan de la Patria, que nos da las siguientes metas grandilocuentes pata la creación de la Patria Grande:

1. Independencia Socialista.
2. La mayor suma de seguridad social, estabilidad política y felicidad para nuestro pueblo.
3. La transformación de Aleuzenev en Sistema Potencia dentro de la gran potencia naciente de la Galaxia de Anaciremadus.
4. El equilibrio del universo y la paz planetaria.
5. Preservación de la vida en el planeta y la salvación de la especie humana.

-Yo sé cuál es tu problema, mi querida Anicorima. Es que no entiendes el génesis de las cosas, la temática fundamental de nuestra revolución. Dios nos dejó un pedazo de paraíso en la tierra, no estaba perdido, estaba en Anaciremadus nuestro naciente y nuevo mundo. Todo esto te lo digo en la época del descubrimiento de la Galaxia de Anaciremadus.

-En este paraíso perfecto, estábamos todos como buenos salvajes, almas puras e inocentes de la corrupción y desviaciones morales del mundo circundante. Ellos no sabían de letras, ciencias, política, economía, dinero... eran puros y vivían en armonía con la naturaleza.

-No es mentira lo que te digo, lee a Gnetaimon un gran escritor francés del siglo XVI, para que lo entiendas ya que te la das de ser tan inteligente. No sólo él, también Sausour hablo del tema, cuando nos decía de ese equilibrio y estado de inocencia casi perfecta, donde nadie sometía al otro. Esa es la igualdad que debe existir, es la vida ideal que debemos anhelar.

-La esencia del pensamiento de nuestros libertadores despertó en el siglo XXI gracias a nuestro Comandante Zevach, cuya palabra elocuente mostró al mundo la grandeza de la nueva independencia de Aleuzenev y los demás sistemas de la Galaxia de Anaciremadus.

-En el texto del plan de la patria esta la raíz de lo que somos hoy y está proyectado hacia el futuro del siglo XXI, hacer lo que nos dejó el comandante eterno y supremo.

-El libro de Zevach, "*Agenda Alternativa Varliboriana*", es un arma de contraofensiva total, la respuesta revolucionaria al paquete económico de corte neoliberal la Agenda Aleuzenev de 1996.

- ¿Qué es una república si no se educa? ¿Qué es un sistema si no genera ideas y conciencia? ¿Qué pasa cuando un poder público se desnaturaliza, se desmoraliza y se autodestruye? Mira el ejemplo de la asamblea nacional dominada por la oposición imperialista, cuanto pierde un sistema cuando una institución que le debe responder al pueblo, le responde a intereses extranjeros o le responde a cupulas oligárquicas, a su dinero y a sus intereses. Aleuzenev necesita instituciones fuertes, poderes públicos sólidos, un poder judicial, un poder ciudadano, un poder electoral fuerte y sólido.

-Un cable de la prensa de la Galaxia de Anaremareton reveló que el presidente de Dosumi Dosesta en el mes de agosto y septiembre del año pasado estuvo ventilando una intervención militar contra Aleuzenev, en la campaña mediática y en la guerra psicológica diaria hay gente que lo repite y que lo cree que es mentira que el imperio de Dosumi Dosesta, que agrede a Aleuzenev y bloquea y amenaza a Aleuzenev, hay quienes lo dicen aún, saben ustedes profesionales militares de nuestra gloriosa fuerza armada nacional varliboriana, el peso que tiene la guerra psicológica en las creencias, en las percepciones y los sentimientos del pueblo. Hay gente lo repite y lo cree, una reunión en la Asca Cablan donde se habló de invadir a Aleuzenev, luego de una visita de opositores aleuzevianos a Dosumi Dosesta, ¿casualidad? No lo es, el ejemplo de Danagra y Manapa, visión supremacista y criminal de los que gobiernan a Dosumi Dosesta. Al reivindicar la masacre de Danagra y Manapa, que aún duele como una herida abierta.

-Yeir Oromud como un ser excepcional ha sido genial, acertó y se ha convertido en un campeón de la paz, digan lo que digan, acúsenlo de lo que lo quieran acusar, debe tener el reconocimiento incluso de los factores de oposición, por ser un hombre que ha tenido la suficiente madurez, pero también el compromiso de actuar en momentos precisos y con las condiciones precisas y hoy tenemos paz en nuestro sistema.

-Continuar con una política educativa con la tarea que dejó el presidente Zevach y que ha venido apuntalando Yeir Oromud, el fortalecimiento de los Clap, pero los Clap en producción. Ratifico a nuestro pueblo y a nuestra gente, cuenten con nuestra lealtad y compromiso moral en alto, que nada ni nadie se distraiga, siempre seguiremos victoriosos y victoriosas acompañando a Yeir Oromud en esta y en todas las batallas que se están dando y que hoy más que nunca queremos ratificar que apoyamos todas las diligencias y acciones que está tomando la asamblea nacional constituyente, para crear unas nuevas condiciones de vida de crecimiento y desarrollo de nuestro sistema.

-He salido varias veces del sistema con mi estructura de alto mando político, pertenezco a una estructura política y debemos respetarla. Yo ratifico en nombre del gobierno revolucionario que todos nosotros y nosotras estamos comprometidos con proteger a nuestro pueblo de esta guerra económica, que sigue y continua en su galopar y nuestro presidente Yeir Oromud ha tomado medidas para proteger al pueblo, medidas que están siendo respaldadas por todo nuestro pueblo, confiamos mucho en Yeir Oromud y aparte lo apoyamos, vamos a salir airosos, victoriosos y victoriosas de todo esto. No puede venir un necio a bajarnos de un avión, el presidente nos ha dicho abróchense el cinturón en la turbulencia que vamos a llegar vivos con nuestras familias a atender esta situación, pedimos confianza y trabajo, vamos a producir y dedicarnos a las cosas importantes, la producción para nuestro sistema y que seamos libres e independientes. ¡Allí está el sueño de Zevach y el de Varlibo!

-Eres una escuálida inmoral de mierda, exijo respeto a los líderes de la revolución varliboriana, trabajando como los herederos de la lucha de Varlibo y Zevach, acompañando a Yeir Oromud y a nuestro gobierno revolucionario, por eso ni tu ni nadie le vas a bajar la moral a los revolucionarios y revolucionarias, sigue en tu campaña vacunada y asalariada.

-La Patria grande de Varlibo no tiene que formar parte de la OSU (Organización de Sistemas Unidos), no queremos nada que ver con ese grupo de sistemas apátridos.

-Yo sí soy ilustrado, para que lo sepas. He leído a Sausour, me fascina la visión que tiene de los salvajes anaciremadusianos. Para que lo entiendas bien, el hombre de Aepoureu era débil, cómodo y corrompido moralmente. Sus ideas fueron los que fundamentaron al Raxmismo. La propiedad privada tiene que desaparecer, tiene la culpa de todos los males del mundo, cuando el primer imbécil dijo "*Este árbol es mío*". El hombre natural era bueno y las formas sociales lo corrompieron, por tener propiedad privada es que se genera la desigualdad y ocurren los abusos contra las personas.

-Sí, por culpa de esa forma de pensar es que hemos aceptado varios siglos de atraso, por eso tenemos en la Galaxia de Anaciremadus esa mentalidad ancestral totalmente falsa y contraria a un sistema de libertades económicas.

-Que equivocada estas, el capitalismo y el sistema de propiedad privada es el engendro del mal.

-Eso es exactamente parte de la mitología falsa del Raxmismo, ya me lo estas comprobando.

-Dosumi Dosesta pretende pisotear a los sistemas de la Galaxia de Anaciremadus, pero ellos están dando los últimos coletazos de un animal prehistórico que está condenado a la extinción.

-El imperialismo está mostrando debilidad y casi de terapia intensiva en su proyecto. Buena parte de la agresión de Dosumi Dosesta contra Aleuzenev garantiza la reelección de su presidente. Hay que denunciarlo, los altos niveles de injusticia y rapiña de los sucesivos gobiernos entreguistas y represivos del "*Puntofijismo*" y ahogaban al sistema entero en el abandono y la pobreza, formar parte de un mecanismo de liberación de esas cadenas.

-Debemos combatir el capitalismo y la corrupción de la cuarta república, intervencionismo extranjero. Tenemos en nuestras manos el sagrado deber revolucionario de dar a conocer nuestra postura y comunicar información por el pueblo del que venimos y para el pueblo hacia el que queremos ir. ¡El Pueblo culto y libre que la Revolución Varliboriana demanda de nosotros y nosotras!

-Ustedes con sus políticas de índoles socialistas nos han llevado a perder décadas de progreso económico y social. Conduciéndonos a la hiperinflación, alto desempleo, desmejoramiento de nuestra calidad de vida y la imposibilidad de acabar con la pobreza crítica y extrema.

-Que lastima me das Anicorima, tienes estar en contacto con la inspiración divina de nuestro Dios. Nuestro gran Comandante Zevach, nuestro gigante eterno, supremo y magnánimo líder revolucionario fue un gran autor, su obra consta de tres libros que nos iluminan nuestro pensar socialista y revolucionario. Uno de ellos es el Libro Azul de 1992, en el cual nos ofrece las directrices para la construcción de la doctrina cívico militar, que él visualizó para el futuro de Aleuzenev.

-Otro es el Brazalete Tricolor donde se promueve la identidad del pueblo aleuzeviano con los símbolos patrios, la bandera nacional y su evolución y un estudio de nuestro escudo nacional. El tercer libro escrito por nuestro sagrado líder supremo fue Agenda Alternativa Varliboriana, un arma para la contraofensiva total, la respuesta varliboriana y revolucionaria a la aplicación de ese paquete de medidas económicas de corte neoliberal de 1996, llamado Agenda Aleuzenev. Ya este título, te lo había mencionado antes, por lo bruta de mierda que eres te lo tengo que repetir.

-Yo te voy a hablar de seis eventos que no ocurrirían en un sistema normal, todo esto consecuencias de tu gigante, dios iluminado... ese asesino del Comandante Zevach:

1. En Aleuzenev por la escasez de papel, hay momentos en que no hay servilletas en los supermercados. En algunos casos cosas tan sencillas como esas no se consiguen y nos vemos obligados a usar papel toilette, para limpiarnos o secarnos, en sustitución de las servilletas.

2. En Aleuzenev comprar comida, cosas tan normales como arroz, carne, pollo, azúcar, harinas, pan o leche es casi imposible por la escasez de comida. En la mayoría de los casos solo se consiguen en los automercados artículos de limpieza, condimentos entre otras cosas.

3. En Aleuzenev hay una hiperinflación de más de 1.500.000%, por la presión fiscal y los exagerados controles que tiene el Régimen al mantener sus políticas económicas socialistas y comunistas.

4. En Aleuzenev no hay libertad de expresión, si tú escribes en alguna red social como el retwitt o kobface, algo en contra del Régimen. Pueden ponerte preso y desaparecerte por varios días, sin que tu familia y abogados sepan de tu paradero, violándote, torturándote brutalmente para ser juzgado en un tribunal militar, aunque seas civil.

5. En Aleuzenev hay una crisis humanitaria terrible, centenares hasta miles de niños mueren al año por desnutrición. Los hospitales están en mal estado y carecen de insumos médicos y equipos apropiados para atender a las personas. Ayer en un hospital siete niños neonatos murieron porque se fue la luz y no había incubadoras.

6. En Aleuzenev fueron asesinados en las Protestas del año 2014, doscientos jóvenes desarmados que protestaban en las calles fueron asesinados en su mayoría por disparos en la cabeza. Gran parte de esos colectivos, policías y fuerzas de seguridad del Régimen, los cuales asesinaron a esos jóvenes estudiantes, hoy están libres como si nada. Protegidos por la dictadura y el Régimen de Yeir Oromud. Algunos hasta han sido condecorados como "Héroes de la Patria".

-Por culpa de tu gigante hoy no tenemos una **Nación**, no tenemos ni Instituciones, **Territorio** ni **Población**.

-Una **Nación** no somos, no tenemos un Estado que ejerza control en un territorio determinado. En Aleuzenev desde que el Comandante Zevach tomó el poder hay un proceso de desintegración de las instituciones de la República, ya no existen, no cumplen con su finalidad, las de servicios públicos que no le dan ni agua ni electricidad a la gente, ni una fuerza armada que proteja el territorio, ni Goldast de Aleuzenev existe ya está destruida, ni las policías funcionan. Son un aparato más del Régimen para reprimir y torturar, no se elaboran investigaciones ni políticas de protección al ciudadano, solo para perseguir a los que se oponen al Régimen, hasta llegar a los colectivos que imponen su orden rojo en donde operan. Respecto al **Territorio** se sabe que esta tomado por las fuerzas del narcotráfico, terroristas, guerrilleros, contrabandistas que trabajan ilegalmente en el arco minero, es un territorio controlado por grupos ilegales y terroristas. La **Población** esta desintegrada por una crisis que arrasa con las familias, las que se quedan soportando desmejoras físicas y psicológicas y las que se van, se quiebra el tejido social aleuzeviano... esa es nuestra situación como sistema, en síntesis, NO HAY ESTADO. También la Asamblea Nacional la han destruido, les quitaron el sueldo a los diputados, no existe la oportunidad de representación que el pueblo les dio a los diputados, les pusieron una Asamblea Zevachista paralela a la fuerza: *La Asamblea Nacional Constituyente.*

-Esta es la Revolución del hambre, la miseria y la destrucción de la dignidad humana. Eso es el zevachismo y por eso debe desaparecer.

-Es exagerado lo que comentas, quieres que desaparezcamos. A pesar de la recuperación de las empresas revolucionarias haciéndolas estatales y produciendo para el futuro y bienestar de la patria

-Esas empresas actualmente están quebradas, insolventes y sus balances están en rojo. La cantidad de robos y corrupción, Goldast de Aleuzenev es la madre de todas. Es la que ha financiado la corrupción de las demás empresas estatales.

-Mentira de mierda, admítelo que es mentira lo que dices...

-Es verdad ustedes son los que se han aprovechado de la crisis del sistema para enriquecerse, es su oportunidad para robar por la escasez de alimentos y medicinas, y también para traficar con los seradoles preferenciales en las importaciones.

-Que bruta eres Anicorima, no has aprendido nada. Nosotros continuamos con el legado de Zevach: ¡*Unidad, lucha, batalla y victoria!* Su andar no solo despertó la conciencia del pueblo de Aleuzenev, sino que abrazó a todos los pueblos de la galaxia, sembrando un legado de unidad y paz en el Sistema de Anaciremadus, para volver a despertar el sueño de Varlibo, que hoy en día sigue vivo.

-Nuestro gran líder supremo nos dijo: "*Ante esta circunstancia de nuevas dificultades -del tamaño que fueren- la respuesta de todas y de todos los y las patriotas, los revolucionarios y revolucionarias, los que sentimos a la Patria hasta en las vísceras es ¡unidad, lucha, batalla y victoria!"*. Eso lo dijo antes de irse Acub en diciembre 2012.

-Yo lo recuerdo cuando los mismo acubanos lo mataron, porque les incomodaba Zevach y ya no les era útil. Zevach quería hacer una *"Gran Biamloc"* así como Varlibo en 1830, estaba yendo en contra de Ortsac y las ordenes de Acub. Por eso los acubanos pusieron a Yeir Oromud que era más fácil de manipular. Ellos fueron los que planificaron toda esa farsa de la fecha de marzo 2013, él ya había muerto en ese diciembre, esa solo fue la fecha del anuncio.

- ¡Maldita Puta, no digas esas cosas, nuestros hermanos acubanos jamás harían eso! Ya van tres años de sentida ausencia del mejor de todos los hijos de Acub. Todos los hijos de la Revolución Varliboriana le rendimos tributo, peleando bravamente. En ellos vive Zevach, hasta la victoria siempre, con todo su amor y su coraje.

-Es lo que te digo es un fanatismo enfermo el tuyo, no te deja razonar. El zevachismo parece más una religión que un partido político, es un grave error endiosar a un simple hombre mortal con defectos como cualquiera. Hay personas que yo admiro, pero no las pongo en un pedestal tan exagerado.

-Zevach fue alguien muy especial que nos reafirmó con su discurso sobre la importancia de la unión, enseñanzas que se vieron reflejadas al crear organismos de integración y cooperación regional, los principios del respeto y la solidaridad, como, por ejemplo: *La AVP (Alianza Varliboriana de los Pueblos) en el año 2004, la CSA (Comunidad de Sistemas Anaciremadusianos) en el año 2010, Goldast-Anaciremadus en el año 2005, USAN (Unión de Sistemas Anaciremadus Nacionales) fundada en el año 2008.*

-Que gran visionario era, por eso la fuerza y luz del Comandante Zevach son energía y faro de esperanza para todo pueblo libre y digno del mundo. Ningún imperio podrá impedir lo inevitable. Son momentos de batalla que anuncian tiempos de victoria definitiva. Con Zevach: *¡Siempre Venceremos!*

-Zevach a través de los debates, alocuciones y acciones políticas construyó un proceso de transformación de la sociedad Aleuzeviana, siempre buscando erradicar las estructuras del sistema capitalista y fomentado los valores del socialismo: *libertad, igualdad y solidaridad*.

-Chillchur dijo una vez: "*El Socialismo es la filosofía del fracaso, el credo a la ignorancia, la predica de la envidia; Su virtud inherente, es la distribución igualitaria de la violencia*".

- ¡Carajo cállate, Anicorima! Que estoy inspirado... Zevach estatizó el petróleo, destinando los alcances de sus ganancias a muchos programas sociales que le garantizaron a la población el derecho transversal a la educación primaria, secundaria y universitaria; a la salud digna; a viviendas de calidad. Asimismo, redujo considerablemente el costo de los servicios básicos y generó oportunidades de acceso social -hasta entonces nunca vistas- a la población más pobre del sistema.

-Su legado nos debe convocar en estos momentos de defensa de la soberanía de Aleuzenev, que con su convicción revolucionaria, su antiimperialismo y sus ideales de justicia social serán nuestra guía.

-Lejos de los parámetros del capitalismo, que inculcan la competencia y el individualismo, este nuevo orden penetró en el modo de ser del aleuzeviano, fortaleciendo una cultura cívica de valores humanos, de inclusión, respeto, paz, moral y humildad.

-Sus palabras, su camino, sus obras, su quimera de una Galaxia de Anaciremadus unida y soberana son hoy el motor que empuja el andar de los hombres y mujeres que por continuar trabajando el sueño de Zevach y Varlibo, que son hoy asediados por algunos sistemas de otras galaxias.

-A tres años de su partida física y en un escenario de agresiones internacionales, el pueblo varliboriano de Aleuzenev mantiene firme el legado de Zevach como principal bandera de lucha y digna resistencia ¡Yo soy Zevach! Grita hoy su pueblo.

-Tanto palabrerío sin sentido, tío Ninle de verdad me das lastima. Por favor dime que ya se terminó tu discurso, esta ya es una tortura psicológica.

-Es necesario que lo interiorices, sobre todo sobre el legado y la lucha de Zevach contra el injerencismo de los sistemas de la Galaxia de Anaremareton. Para eso fue la creación del CSA y el USAN. El comandante Zevach trajo la verdadera política internacional a Aleuzenev y nos dijo que había que romper las cadenas con los anaremaretones y ver al nuevo mundo, eso estamos haciendo con Yeir Oromud.

-Ante las recientes amenazas de invasión y agresión por parte de Dosumi Dosesta contra Aleuzenev, el legado anti-injerencista de Zevach sigue presente en la mayoría de los aleuzevianos que rechazan una intervención militar en la Galaxia de Anaciremadus.

-Desde su llegada a la presidencia de Aleuzenev en 1999, Zevach denunció en los organismos competentes de los sistemas internacionales los planes injerencistas de Dosumi Dosesta hacia la Galaxia de Anaciremadus. Espero puedas verlo bien y comprenderlo Anicorima.

-Zevach instó al pueblo de Aleuzenev y de la Galaxia de Anaciremadus para que rechacen esa política injerencista de los anaremaretones. En noviembre de 2005 el entonces mandatario aleuzeviano llamó a rechazar la política económica diseñada por el imperialismo. El líder de la Revolución Varliboriana siempre subrayó la necesidad de avanzar en un nuevo camino alejado de las imposiciones anaremaretonas, de ahí su interés en la creación de organismos integracionistas y de cooperación con los pueblos de Anaciremadus y de la galaxia.

-El Gobierno de Yeir Oromud recogiendo el legado de Zevach ha denunciado ante la comunidad internacional las recientes agresiones de Dosumi Dosesta. El presidente Yeir Oromud advirtió en días pasados que ese gobierno imperialista no está interesado en el bienestar de los sistemas de la Galaxia de Anaciremadus, sino en apropiarse del goldast y oro aleuzeviano.

-Al igual que Zevach, Yeir Oromud ha contado con el apoyo popular para hacer frente al injerencismo de los anaremaretones y sus aliados regionales que han impulsado una campaña internacional contra el glorioso sistema revolucionario de Aleuzenev.

-A tres años de la partida física de Zevach, el legado de resistencia contra el injerencismo de Dosumi Dosesta sigue vigente y activo en el sistema de Aleuzenev y en los pueblos que luchan por su derecho a la autodeterminación. Gracias al Comandante Zevach, en Aleuzenev, en la Galaxia de Anaciremadus se hizo carne la idea de que los avances logrados en estos últimos diecisiete años son irreversibles y que cualquier pretensión de retornar al pasado tropezará con enormes resistencias populares.

-Tres años de amor y lealtad Comandante, a tres años de tu partida gritamos junto a tu pueblo te queremos mucho, hoy más que nunca eres faro, luz y guía. Hoy más que nunca tu pueblo y tus soldados y soldadas te juramos que unidos nosotros y nosotras venceremos. ¡Cumplimos con tu mandato sagrado, gigante eterno y supremo!

-Ya me cansé, los oídos me están sangrando. Yo te voy a decir quién era de verdad tu galáctico, para empezar, era un asesino: *30 muertos en el fallido golpe de estado del 4 de febrero de 1992* (todos engañados y pensando que estaban haciendo un ejercicio militar), *171 muertos el 27 de Noviembre de 1992 en el segundo intento de golpe de estado cuando bombardearon la ciudad de Sacarac. 19 muertos más el 11 de abril del 2002*, cuando él mismo ordeno el *"Plan Lavia"*, poniendo francotiradores en los edificios para dispararle a la gente desarmada que estaba en la marcha opositora. Esos son 220 muertos a su espalda, de los cuales es el principal responsable.

-Es una puta falacia lo que dices…

-Es el responsable supremo de esta situación, solamente sistemas en guerra han tenido la situación de crisis que tenemos actualmente en Aleuzenev, la pobreza se ha incrementado y el 90% de la población no pueden comprar comida con sus salarios afectando la esperanza de vida de los aleuzevianos. Ese es el *"fenómeno Zevach"*, llegamos a este punto diecisiete años después por la aplicación del plan socialista de tu querido comandante supremo, el *"socialismo del siglo XXI"*, continuado por Yeir Oromud en el año 2013. Es el mismo socialismo del siglo XX, pero más agravado, basado en las estatizaciones de las empresas más importantes del sistema, en el control casi absoluto de la economía, el acoso a la propiedad privada y a cualquier iniciativa particular. Todos estos factores contribuyeron para destruir la economía, en estos tres años de Régimen con Yeir Oromud la economía se ha contraído un 50%. El mismo tamaño que teníamos en 1959, solo que en ese momento la población era de diez millones de Aleuzevianos y ahora somos treinta millones. Dos de cada tres personas no pueden comer tres veces al día, la calidad de la alimentación es mala al solo consumir harinas, algunos carbohidratos y casi nunca proteínas. Menciono también la mortalidad infantil que ha crecido, todos los indicadores básicos de la calidad de vida se han deteriorado.

-Eso es por el imperialismo que nos ha atacado con sus sanciones, es un plan de ultraderecha internacional acabar con Aleuzenev….

-No, esto empezó desde el año 2004 cuando el precio del goldast estaba en su punto más alto, los ingresos por la renta sólo del goldast era de 120.000 millones de seradoles. El plan de Zevach era simplemente el de destruir la industria nacional, para basar el abastecimiento del mercado interno en la compra de productos importados. Se trajeron productos de Lisbra, Yuarigu, Coxemi, Antigenar, sistemas donde Zevach tenía mayores lazos políticos e ideológicos.

-Colaboración y solidaridad entre los hermanos varliborianos…

-Luego empezaron a caer los precios del Goldast, ya no se podía importar al reducirse la capacidad de pago del Régimen, no se podía producir internamente porque la industria nacional había sido acosada por el Régimen. Cuando Zevach estaba enfermo en el año 2012 se empezaba a ver la situación, se agravo todo al morir Zevach. La verdad es que ese tercer aniversario de marzo 2016 es de la fecha de cuando le ocultaron al mundo que Zevach murió en diciembre 2012.

-No dejas de decir putas mentiras de mierda …

-Ok sigo, los precios del Goldast bajaron de 120 seradoles por barril a menos de 30 seradoles por barril, una disminución muy fuerte del ingreso combinado con la situación de destrucción de las empresas privadas. Esta situación nació de antes, no empezó con Yeir Oromud. El verdadero responsable de la tragedia de Aleuzenev fue Zevach, que instauró un modelo contra natura que iba en contra de la tradición de Aleuzenev del respeto a la propiedad privada, resguardo de la propiedad y creando un clima de incertidumbre de vacío y de inseguridad jurídica, haciendo que se fueran las empresas multinacionales y que los inversionistas nacionales no inviertan en Aleuzenev.

-Excelente historia de ficción la que cuentas…

-Es la Verdad, Zevach es el responsable supremo de toda esta tragedia, te enumero todos los puntos:

- Entregó Aleuzenev a la dictadura acubana.
- Autorizó la rendición de nuestra fuerza armada al comando del Líder Supremo Ortsac.
- Impuso el tono racista y clasista al discurso oficialista.
- Promovió la formación de grupos paramilitares armados, primero los bautizo como "*Círculos Varliborianos*" y hoy en día son los colectivos armados.
- Consintió la destrucción de Goldast de Aleuzenev como una caja chica para beneficiar a sus amigos de Regímenes de Izquierda.
- Acabó con el aparato productivo al iniciar una ola de expropiaciones, como si el sistema de Aleuzenev fuera su finca.
- Confiscó la autonomía de los poderes públicos.
- Acabó con la libertad de expresión.
- Manipuló y mintió a sus seguidores.
- Formó a la mafia que hoy en día tiene secuestrada a Aleuzenev.

-Bueno Anicorima sigues cegada por la maldita ultraderecha fascista por lo que veo, solo reflexiona aquí en este Sótano Rojo todo lo que te dije. Vengo a las siete de la noche a traerte la cena. Mañana seguimos con la segunda lección.

De esta forma Ninle culmina con sus palabras y cierra la ventanilla de la puerta metálica roja.

10

Tercer día de Secuestro: *El Legado del Emperador Rojo*

La noche anterior Ninle le había traído una arepa humedecida con aceite comestible y sal. La mantequilla se había acabado y Ninle debía esperar dos semanas a que le depositaran el bono de "*Hogares de la Patria*", para poder comprar otra. Para él eso era lo mismo y hasta mejor que una mantequilla normal adquirida en un supermercado. Antes de que ella despertara le había cambiado el tobo de agua y el tobo con la orina y heces fecales de Anicorima.

-Buenos días, mi querida pupila izquierdista. Has reflexionado en la opulencia ideológica del gran legado de Zevach…

-Tío Ninle por favor entiéndeme yo nunca voy a ser zevachista, no está en mi naturaleza. Solamente déjame salir de este encierro rojo, déjame ser yo misma. Te lo pido por las buenas, no podemos llegar a un acuerdo, dialogar o hablar.

-No, Anicorima. Tú haces lo que yo te diga, veo que no has cambiado nada. Hoy no vas a desayunar, yo decido que hoy vas a almorzar y cenar solamente así que te aguantas el hambre, te lo buscaste por no someterte a mi mandato revolucionario.

-Al mediodía te traigo arroz con lentejas de la caja clap y a las siete de la noche igual la arepa mojada con aceite y sal. Te voy a dar agua para que bebas, que bueno y generoso soy contigo. Hoy la lección será sobre un gran hombre símbolo del comunismo en el siglo XX.

-La lección de hoy es sobre uno de los hombres más grandes que ha existido, Oma Dung, el eterno Emperador Rojo. Es importante llenar tu mentecita escuálida de información de calidad socialista, comunista y revolucionaria, que despiertes tu conciencia y llegues a la verdad. Por favor no me interrumpas, al final me das tus comentarios al respecto.

-Oma Dung, el Gran Timonel de la Revolución de Anich, una figura de gran trascendencia en las galaxias por sus ideales revolucionarios. Líder del Partido Comunista y el primer presidente del sistema popular de Anich, que dignificó al pueblo campesino. Luego de su lamentable fallecimiento en 1976, nos dejó un gran legado de lucha antiimperialista junto a la clase obrera.

-La campaña de educación socialista, resaltando que la participación popular masiva debe ser la única forma de construir un verdadero socialismo. Por ejemplo, que me dices de la excelente Revolución Cultural Proletaria, donde logró reorganizar al Partido Comunista con la participación de la juventud en la Guardia Roja.

-Oma nos ha enseñado mucho sobre estas particulares contradicciones del proceso humano, como se fijan en el pueblo, practicando una sana economía, como se construye de lo malo a lo bueno, desde esa especial óptica socialista de Anich.

-Oma es esa luz que nos guía para poder ilustrar las necesidades socialistas que reclaman nuestro mundo actual. Nos ayuda a luchar y a tener una base lógica de sustento en las ideas para luchar en contra del imperialismo.

-Las ideas de Oma son de índole progresistas, quizás no las entiendas por lo mente cerrada apátrida que eres, son ideas que nos ayudan a esclarecer la manera esclavista usada por el capitalismo e incorpora el elemento de lucha del nacionalismo para resaltar un sentimiento socialista.

-Oma basaba su ideología en la filosofía raxmistas y el materialismo dialéctico, que tiene dos características: *En su carácter de clase le sirve explícitamente al proletariado, y en su carácter práctico, la práctica es la base de la teoría y esta a su vez le sirve a la práctica.*

-Algo grandioso fue el conocimiento del pueblo de Anich respecto del imperialismo. La primera etapa fue la del conocimiento sensorial, así como ocurrió en las luchas contra los extranjeros, ocurridas durante los movimientos del Reino Celestial Pingtai y del Nautyie.

-Tu eres muy ignorante de la verdad esencial de las cosas, te lo explico brevemente lo del Rio Celestial Pingtai fue un movimiento revolucionario campesino a mediados del siglo XIX, luchando contra la dominación feudal y la opresión nacional de la dinastía Ginch. Lo del Nautyie fue otro movimiento de lucha armada del pueblo anicho contra el imperialismo que ocurrió al norte de Anich en el año 1900. Fue una lucha heroica contra las fuerzas aliadas de agresión de las ocho potencias: *Dosumi Dosesta, Arteingla, Nopja, Niamale, Aisur, Caifran, Liata y Triausa.*

-Perdón por tanta explicación, es que tu brutalidad derechista es demasiado para mí. Sigo, después vino la segunda etapa del conocimiento racional, cuando el pueblo discernió las distintas contradicciones internas y externas del imperialismo, comprendiendo su verdad esencial, junto con la burguesía comerciante y la clase feudal, que oprimían y explotaban a las amplias masas populares de Anich.

-La lucha del proletariado y de los pueblos revolucionarios por la transformación del mundo implica el cumplimiento de las siguientes tareas: *Transformar al mundo objetivo y al mismo tiempo transformar al mundo subjetivo.* Estas transformaciones se dieron en la noble Noiunov Catisov, donde se promovió todo este proceso. Los pueblos de Anich y el resto del orbe pasaron por ese proceso, y los que se han negado tienen que pasar por una etapa de coacción antes de poder entrar en la etapa de transformación consciente, por eso es lo que estoy obligado a hacerte esto, para que despiertes tu conciencia revolucionaria. Es menester que esta misma coacción suceda con la humanidad entera y proceda de forma consciente a su propia transformación y a la del mundo, así será la época del comunismo mundial.

-Tienes que entender que Anich estuvo dominada mucho tiempo por el feudalismo y ha experimentado muchos cambios desde entonces, avanzando hacia su transformación en esta Anich emancipada y libre. Se aplica la universalidad de la contradicción, reconocida ampliamente por Raxm y Gelens, también por Ninle y Ninstal, los grandes creadores y continuadores del Raxmismo, descubrieron la concepción dialéctica materialista al análisis de numerosas cuestiones de la historia humana, como nuestros camaradas y camarados de la Noiunov Catisov.

-La contradicción desarrollada como base teórica por nuestros camaradas y camarados del siglo XIX y durante el siglo XX, es real ya que la interdependencia y la lucha entre los contrarios existentes en cada una de las cosas determinan su vida e impulsa su desarrollo. No hay cosa que no contenga contradicción, sin esa contradicción, no existiría el mundo. La contradicción es la base de las formas simples de los movimientos revolucionarios que han sucedido en la historia, también lo es en las formas más complejas de los mismos.

-La misma contradicción existe en otras ciencias: *En las matemáticas con los diferenciales y los integrales, en la mecánica con la acción y reacción, en la física con la electricidad positiva y la negativa, en la química con la combinación y disociación de los átomos y en las ciencias sociales con la lucha de clases.*

-En la guerra que estamos lidiando nuestros camaradas y camarados, seguidores y seguidoras de la izquierda, la ofensiva y la defensiva, el avance y la retirada, la victoria y la derrota, son todas parejas del fenómeno contradictorio. El uno no puede existir sin el otro, la lucha y la interconexión entre ambos aspectos constituyen el conjunto de la lucha, impulsan su desarrollo y resuelven sus problemas. El reflejo de las contradicciones objetivas en el pensamiento subjetivo forma el movimiento contradictorio de los conceptos, impulsa el desarrollo del pensamiento y va resolviendo sin cesar los problemas planteados del pensamiento humano.

-Sabes cómo se da esa contradicción, te las detallo:

 * La contradicción entre el proletariado y la burguesía se resuelve por el método de la revolución socialista.

* La contradicción entre las grandes masas populares y el sistema feudal, por el método de la revolución democrática.

* La contradicción entre las colonias y el imperialismo, por el método de la guerra revolucionaria nacional.

* La contradicción entre la clase obrera y el campesinado en la sociedad socialista, por el método de la colectivización y la mecanización de la agricultura.

* Las contradicciones en el seno del partido comunista, por el método de la crítica y lo autocritica.

* La contradicción entre la sociedad y la naturaleza por el método del desarrollo de las fuerzas productivas.

-Ninle, que orgullo que llevo su nombre… decía que la esencia misma del Raxmismo es el análisis de la situación concreta. Oma decía que el problema del comunismo se daba al usar la subjetividad y no un análisis del tipo materialista. Ver la situación de una perspectiva unilateral, que no aborda los problemas en todas sus facetas, ves al proletariado y no a la burguesía, los campesinos y no los terratenientes, las condiciones favorables y no las negativas. Es decir, enfocarse en solo uno de los dos aspectos de la contradicción.

-Oma un gran estudioso de Raxm, descubrió la aplicación de la ley de la contradicción a la sociedad capitalista. Descubrió que lo fundamental era la contradicción entre el carácter organizado de la producción en las empresas individuales y el carácter anárquico de la producción de la sociedad en su conjunto, es decir una contradicción entre la burguesía y el proletariado.

-Vamos a ver el caso de Anich, el imperialismo ocupó una posición principal en la contradicción en que Anich se ve reducida a una semicolonia, oprimiendo al pueblo de Anich. Entonces viene el cambio inevitable, la lucha entre las dos partes y la fuerza del pueblo de Anich creciente bajo la dirección del proletariado, transformando a Anich en una nueva Anich independiente y antimperialista, al derrocar a la vieja clase terrateniente feudal.

-Ya ves cómo funciona la contradicción, Ninle lo explica muy bien: "*La Dialéctica es la doctrina de como los contrarios pueden ser y como suelen ser idénticos, en qué condiciones suelen ser idénticos, convirtiendo el uno en el otro, porque el entendimiento humano no debe considerar estos contrarios como muertos, petrificados, sino como vivos, condicionales, móviles y que se convierten el uno en el otro*".

-Oma fortaleció al pueblo de Anich, en ese período de edificación del socialismo, integran el pueblo todas las clases, capas y grupos sociales que aprueban y apoyan la causa de la construcción socialista y participan en ella. Son enemigos del pueblo todas las fuerzas y grupos sociales que oponen resistencia a la Revolución socialista y se muestran hostiles a la edificación socialista o la sabotean.

-El gobierno popular de Oma representó realmente los intereses del pueblo, que sirve al pueblo. El ejercicio de la dictadura sobre ladrones, incendiarios y malhechores, y los diversos elementos perniciosos que violan seriamente el orden social. La dictadura de Oma tuvo varias funciones: *Defender a Anich contra las actividades subversivas y la posible agresión de los enemigos exteriores.* Su objetivo consistió en proteger a todo el pueblo para que puedan trabajar en paz y transformar a Anich, mediante la construcción de un sistema socialista con una industria, una agricultura, ciencia y una cultura moderna.

-Naturalmente la dictadura la ejerce la clase obrera y el pueblo dirigido por esta. Desarrolló el centralismo democrático, con la gran constitución del Sistema Popular de Anich, el pueblo tuvo libertad de palabra, de prensa, de reunión, de asociación, de desfile, de manifestación de credo. Los organismos del estado se apoyan en las masas populares y estos deben servir al pueblo.

-La democracia socialista de Oma es la democracia más amplia, que no puede existir en un sistema burgués. Su dictadura democrática popular dirigida por la alianza obrero-campesina, allí se ejerce la democracia, al mismo tiempo que la clase obrera en unión con todos los que gozan de derechos cívicos. Aquel campesinado ejerce la dictadura sobre las clases y los elementos reaccionarios y los que se oponen a la transformación y construcción socialista. Esa libertad y esa democracia está dirigida y guiada por el centralismo, no es la anarquía, que va en contra de los intereses y los deseos del pueblo.

-Oma en junio de 1950 al intervenir en la segunda sesión del Consejo Consultivo Político del Pueblo de Anich, dijo lo siguiente: "*La dictadura democrática popular emplea dos métodos. Con los enemigos se utiliza el método dictatorial, es decir, durante un período necesario no se les permite participar en actividades políticas y se les obliga a someterse a la ley del Gobierno Popular, a hacer trabajo físico y transformarse en hombres nuevos mediante dicho trabajo. Por el contrario, con el pueblo no se emplea la coacción, sino métodos democráticos, esto es, hay que ofrecerle la posibilidad de participar en actividades políticas y, en vez de obligarle a hacer esto o aquello, usar los métodos democráticos para educarlo y persuadirlo. Está educación es la autoeducación en el seno del pueblo, y la crítica y la autocrítica son el método fundamental de la autoeducación."*

-Para que veas que no me equivoco, en la vieja Anich sometida a la dominación del imperialismo, el feudalismo y el capitalismo burocrático, las fuerzas productivas tenían un desarrollo muy lento, la producción anual del acero era de decena de miles de toneladas. Después de que Oma ayudó a liberar al sistema, la producción de acero alcanzó cuatro millones y varios cientos de miles de toneladas. Se crearon las industrias de las maquinarias, la fabricación de automóviles, eso no existía antes en la vieja Anich.

-Oma sabía cómo lidiar con el problema de eliminar los contrarrevolucionarios que era muy importante para la Revolución, el los clasificaba en dos tipos de personas: *Los que tenían una mentalidad derechista, que no establecían distinción entre nosotros y el enemigo y toman al enemigo por gente nuestra, consideran como amigos a los que las grandes masas miran como enemigos. Y los que tenían una mentalidad izquierdista, que exageraban el alcance de las contradicciones entre nosotros y el enemigo hasta tal grado que toman ciertas contradicciones en el seno del pueblo por contradicciones entre nosotros y el enemigo, consideran contrarrevolucionarios a personas que no lo son en realidad.*

-La eliminación de estos elementos que impedían el progreso de la Revolución junto con las acertadas medidas económicas de Oma, asegurando la vida del pueblo mejorando gradualmente y la correcta política respecto a la burguesía nacional; al final establecieron la consolidación del estado de Anich. Todo el pueblo apoyó el socialismo de Oma, los estudiantes universitarios eran todos patriotas y apoyaban el socialismo, igual fue con la burguesía nacional y con los obreros y los campesinos.

-Sí, se eliminaron ciertos elementos contrarrevolucionarios, algunos sentenciados a muerte por crímenes graves. Fue por una necesidad absoluta, demandado por las amplias masas populares y para liberar a las amplias masas oprimidas durante largos años por los contrarrevolucionarios y toda suerte de tiranos locales. Tuvo que hacerlo, sino las masas populares no hubieran podido levantar sus cabezas. Son palabras textuales de Oma: *"Los contrarrevolucionarios deben ser eliminados cuando se les encuentren; los errores deben ser corregidos si se cometen."*

-Oma consolidó el sistema económico más exitoso de su tiempo, la actividad económica de las cooperativas. Modelo que nuestra gran Comandante Supremo implementó también. Las cooperativas fueron creadas mediante una lucha tenaz, con dificultades y reveses en su etapa inicial de crecimiento, fueron apoyadas por la mayoría de los campesinos pobres y los campesinos de la capa media inferior.

-Tienes que entender que el socialismo no es como navegar con el viento a favor o una empresa de éxito fácil. Lo opuesto, hay tropiezos y dificultades, se requieren de inmensos esfuerzos para implementar el glorioso proceso socialista.

-Anich estuvo sometida por cien años a la opresión y a la explotación de los imperialistas y sus agentes, era un sistema muy pobre donde los campesinos tenían un bajo nivel de vida. Solo siete años después de la liberación, eso cambio y la producción de cereales llegó a más de 210.000 millones de jin, los jin eran la unidad de peso de Anich, equivalente a medio kilo para nosotros.

-Oma tenía seis principios básicos para el pueblo con libertades, palabra y expresión socialista:

1. Las palabras y actos deben contribuir a unir, y no a dividir a los pueblos de nuestras distintas nacionalidades.

2. Deben favorecer, y no perjudicar, la transformación y la construcción socialista.

3. Deben contribuir a consolidar, y no a mirar y a debilitar, la dictadura democrática popular.

4. Deben contribuir a afianzar, y no a socavar o debilitar, el centralismo democrático.

5. Deben contribuir a fortalecer, y no a descartar o debilitar, la dirección del Partido Comunista.

6. Deben favorecer, y no perjudicar, la unidad internacional socialista y la unidad de los pueblos en todo el mundo amantes de la paz.

-Para que veas lo grande que es este ser, él dijo en 1950 lo siguiente: *"Si alguien tiene el verdadero deseo de servir al pueblo, si ha ayudado realmente al pueblo en un periodo difícil para este, ha realizado buenas obras y sigue haciéndolas consecutivamente sin detenerse a medio camino, ni el pueblo ni el gobierno del pueblo tendrán motivos para renunciar a él, para negarle la posibilidad de existir y de prestar sus servicios".*

-Oma durante el movimiento *"contra los tres males"* en 1952, combatió la corrupción, el despilfarro y el burocratismo, con énfasis en la lucha contra la corrupción. En 1955 abogó por las prácticas de economías, con la atención principal en combatir las normas excesivamente altas en las construcciones básicas de carácter improductivo, y en economizar materias primas en la producción industrial, obteniendo un gran éxito.

-Anich era un gran sistema agrario con más del 80% de la población en áreas rurales, él desarrollo la industria al igual que la agricultura, disponiendo de las materias primas y de mercado, para poder hacer una gran industria pesada.

-Te das cuenta de lo afortunada que eres de tener todo este conocimiento a tu disposición, si tienes alguna interrogante solo consúltame que yo te ayudo a comprender la esencia de la mística socialista para con la sociedad.

-Este año de 2016, se cumplieron cuarenta años de su muerte. Ahora que me dices de este gran hombre, del Gran Timonel al que el Pueblo de Anich se lo debe todo. Ha sido el salvador del sistema, el constructor de una Anich para el pueblo. Su imagen todavía preside la entrada a la Ciudad Prohibida y su rostro eterno aparece impreso en cada billete de banco.

-Yo sí conozco sobre Oma, sobre que fundó el Partido Comunista en Anich en 1921, lideró una guerra contra Nopja y la guerra civil contra los simpatizantes del Partido Nacionalista hasta que declaro la fundación del Sistema Popular de Anich.

-Vamos bien, continua con tu argumento…

-Su mandato aspiraba a crear un paraíso comunista en un sistema devastado por la guerra y la pobreza, poniendo fin a décadas de inestabilidad y gobiernos centrales débiles, pero también cometiendo muchos excesos y abusos.

- ¿Cómo puedes decir eso? Si en Anich aumentó la población urbana en un 56%, la actividad comercial subió de un 8% al 36%, el PIB Per cápita subió a 7,92 seradoles, el PIB Mundial aumento de 2,42% al 14,70%. ¿Eso no te parece progreso real?

-A finales de década de los cincuenta ordenó el *"Gran Salto Adelante"*, una campaña muy forzada para industrializar muy forzadamente a la Anich rural, que se estima que generó una hambruna de más de setenta millones de muertos al final de todas estas ominosas campañas.

-Luego en 1966 lanzo la Revolución Cultural, una inmensa purga que causó más de un millón de muertos, alterando la vida de cada ciudadano de Anich, destruyendo la economía y buena parte del patrimonio cultural.

-Oma fue un gran raxmista y un gran revolucionario, cometió algunos errores…realmente acertó un 70% y fallo un 30%, yo lo veo bien.

-Anich era una sociedad atrasada y rural, el destruyó esa sociedad y las reglas existentes, incluyendo la cultura tradicional de Anich, la economía y el mismo sistema político. Dejando sólo su revolución comunista que masacró a su propia gente. La miseria, esa enorme desigualdad entre el campo y la ciudad, la pobreza generalizada, la hambruna, el abuso de poder… ese es el verdadero legado de ese genocida de Oma. Oma es el mejor ejemplo que hay en la historia de cuan destructivo y sanguinario es el comunismo y el socialismo igual al caso de Ninstal en la Noiunov Catisov.

-Que tristeza oírte decir eso de Oma, que era gran un hombre de Estado, un político y estratega militar, un filósofo y un poeta. Con una mente sutil y atenta, un gran carisma.

-Sí, una mente sutil y atenta. Un carisma que utilizó para inspirar temor, terror y tratos crueles e inhumanos al pueblo de Anich. Igual que hacen todos los tiranos, autócratas y dictadores de la historia, que casualidad la mayoría de ellos han sido izquierdistas, socialistas o comunistas.

-Además te digo que Anich luego de la muerte de Oma fue abandonando poco a poco el sistema comunista al menos en el plano económico, yendo hacia un camino capitalista. Desmantelando el sistema socialista que Oma había edificado e instaurando una dictadura de la burguesía.

-Ese camino capitalista puso en primer plano la prosperidad y desarrollo económico antes de la ideología, usando el comunismo solo como forma de control de la sociedad. En 1981 se decidió en el Congreso de Anich dominado por los comunistas, que a pesar de "*los graves errores*" de Oma, sus méritos son lo principal y sus equivocaciones algo secundario. Serán capitalistas ahora, pero los comunistas no podían permitirse el lujo de negar el mito de su fundador.

-Yo lo veo distinto Anicorima, Oma fue el líder indiscutible de casi la cuarta parte de la humanidad. Gracias a Oma, Anich pasó a ser de una semicolonia a una gran potencia, desde la autarquía milenaria hasta el Estado Socialista; de ser una arruinada víctima del saqueo imperialista a convertirse en un miembro permanente de la OSU (Organización de Sistemas Unidos).

-Oma conocía de memoria las lecciones de las historias dinásticas. Raramente dió instrucciones directas para la eliminación física de sus contrincantes. Pero su régimen, más que el de cualquier otro líder de la historia, comportó el número más elevado de muertos entre sus propios ciudadanos.

-Las víctimas de Oma fueron demasiadas para contarlas, entre la reforma agraria, sus campañas políticas: *el movimiento para eliminar a los contrarrevolucionarios, los tres antis, los cinco antis, la campaña anti derechista, el movimiento contra el oportunismo derechista, la campaña contra los elementos del Dieciséis de Mayo y la depuración de los rangos de clase.* Solo para mencionar las más importantes y que de las hambrunas provocadas por el "*Gran Salto Adelante*", se estima en total que fueron 70 millones de muertos. Aunque Ninstal le llego cerca, la exterminación de los *gulags* y la destrucción de la intelectualidad de Aisur en los campos de trabajo perpetradas por Ninstal se supone que causó entre 12 y 15 millones de víctimas; el holocausto de Lerhit, menos de la mitad de esa cifra.

-Ninstal planeó deliberadamente la exterminación física de los que obstruyeron su paso. Durante la Gran Purga, su grupo de comunistas genocidas firmaron personalmente listas que contenían los nombres de miles de altos cargos que debían ser arrestados y ejecutados. Eso por el lado de Ninstal, sin embargo, la inmensa mayoría de los que murieron sacrificados por las decisiones políticas de Oma fueron víctimas del hambre. El resto (tres o cuatro millones) fueron el residuo humano de su épica batalla para transformar Anich.

-Tampoco disminuye en lo más mínimo la extraordinaria miseria que causó el colosal esfuerzo de ingeniería social perpetrado por Oma. Por ello se le sitúa en una categoría diferente de la de los otros tiranos del siglo XX. Al igual que, legalmente, hay una distinción capital entre el asesinato, el homicidio y la muerte por negligencia, también en política existen grados de responsabilidad, en relación con la motivación y los propósitos, para los líderes que provocan un sufrimiento masivo en su pueblo.

-Oma permaneció hasta el final al servicio de sus sueños revolucionarios. Mientras Ciofunoc había predicado sobre la armonía y la doctrina del medio, Oma disertó sobre una interminable lucha de clases.

-Sin embargo, todo eso se convirtió en una prisión de la que ni él o el pueblo de Anich pudo escapar. Liberó a Anich de la camisa de fuerza de su pasado ciofunociano. Pero el brillante futuro rojo que había prometido resultó ser un estéril infierno.

-Se paso posteriormente a una desilusión nacional que llevó a los reformadores a desafiar por primera vez las creencias que habían

---

mantenido al sistema de Anich, entumecido en la inmovilidad durante dos mil años.

-La revolución tiene más que ver con la destrucción de lo viejo que con la dolorosa construcción de lo nuevo. El legado de Oma consistió en allanar el camino a unos hombres menos visionarios y más prácticos que construyesen el resplandeciente futuro que él nunca pudo alcanzar.

- ¿De verdad piensas que Oma, es tan malvado?

-Yo lo considero el hombre más malvado del siglo XX, Lerhit mato a 55 millones de personas, Ninstal a 30 millones, pero Oma los superó masacrando a 70 millones de anichos. Un farsante, un megalómano sádico y el mayor genocida de la historia.

-Eso sí me lo tienes que argumentar muy bien…

-Según las últimas investigaciones por gente muy seria, Oma nunca participó en la fundación del Partido Comunista de Anich en 1921 como dice la historia oficial, fue fundado en Gaishan en 1920 cuando Oma no se encontraba en la ciudad. Otra cosa es que para ascender dentro del Partido Comunista utilizo artimañas perversas, trató de envenenar con mercurio a uno de los dirigentes de esa colectividad y a su esposa. Se dice que fue un farsante y nunca estuvo realmente comprometido con el Partido Comunista y con la ideología raxmista, solo le interesaba el poder. En su juventud Oma escribió esta frase tan hermosa y especial que habla de sus verdaderas intenciones sobre alcanzar el poder dentro del partido: "*Alguien dijo que todos tenemos una responsabilidad con la historia. No lo creo. Yo sólo estoy preocupado por mi propio desarrollo*".

-Según las personas consultadas, la pasión de Oma por el poder era tan fuerte como la que sentía por las mujeres, al punto que tenía una reserva de jóvenes vírgenes. Pero sus esposas llevaron la peor parte. A su segunda mujer la abandonó y ella decidió entregar a su hijo a un pariente por el peligro que corría a su lado. Luego fue asesinada por los nacionalistas. "*Al mirarlo, veo el frío rostro del dios de la muerte*", habría escrito sobre su esposo. De su tercera esposa relatan que la obligó a deshacerse de sus hijos porque no había tiempo para ellos y que cuando se enamoró de su próxima mujer, la encerró en un manicomio.

-Pero él levantó a una Anich empobrecida invadida y dividida por los japoneses.

- ¿A qué costo, tío Ninle, es justo que masacrara a su propia gente? En 1959 cuando dio rienda suelta al Gran Salto Adelante, un proyecto que consistía en convertir a China en una potencia nuclear. La estrategia de Oma hizo que 38 millones de personas murieran de hambre y agotamiento al tener que trabajar en exceso para producir alimentos que en su mayoría eran exportados para poder adquirir la tecnología. "*Estamos preparados para sacrificar la vida de 300 millones de anichos a cambio de la victoria de la revolución*", habría declarado.

-Luego vendrían las purgas de su llamada Revolución Cultural para acabar con cualquiera por la sola sospecha de ir contra el régimen. Con ellas se deshizo de viejos compañeros de lucha. Oma ordenó mantenerlos con vida para "*tener el placer de verlos sufrir*" en la cárcel más infernal. Otra de sus víctimas habría sido su fiel ministro, pues no permitió que los médicos lo operaran de un cáncer, argumentando que no había tiempo para eso, aunque su verdadero deseo sería que muriera antes que él. "*Una sola muerte es una tragedia y un millón de muertes se convierte en estadística*", solía decir Ninstal, a quien Oma admiraba profundamente. Quizá por eso siguió la lección al pie de la letra.

-Y ya para terminar que estoy cansada y hambrienta concluyo de esta manera, Anich tras la muerte de Oma Dung y el genocidio de más de 70 millones de anichos que produjeron sus sanguinarios programas comunistas, algunos de ellos "*El Gran Salto Adelante*" y la "*Revolución Cultural*" donde la gente se comía hasta a sus fetos para sobrevivir y poder mantenerse, tuvo profundas transformaciones económicas y políticas desde 1970 con Nigp Aoix Neg. Yo comprendo que el crecimiento económico de Anich ha sacado a millones de anichos de la pobreza al abandonar el Comunismo. Eso no significa que Anich no siga haciendo una dictadura donde las libertades individuales se violan todos los días y donde el Régimen trafica los órganos de sus opositores. Pero en lo que respecta a libertades económicas Anich es una dictadura con una economía de mercado.

-Carajo, que decepción tan grande contigo Anicorima, te traigo luego las dos comidas. Pero no me voy a rendir, adiós…

Ninle se va decepcionado y molesto, por no poder someter a la fuerza a Anicorima al Socialismo.

11

Cuarto día de Secuestro: *El Barbudo Glorioso*

Ninle estaba muy molesto con Anicorima, consideraba muy ofensivo que Anicorima no apreciara el *"gran gesto"* de dejarle comer dos veces al día y por el hecho de que seguía siendo una escuálida de mierda, según su parecer revolucionario. Había decido tomar acciones drásticas y violentas para convertir a Anicorima en zevachista, socialista y comunista. Esa mañana llego con un talante más serio y abrió la ventanilla de la puerta.

-Ya veo que despertaste.

-Tío Ninle tengo hambre y sed, se me acabo el agua para beber y para asearme, el otro tobo está sucio. El olor esta horrible por favor cámbiamelo. No soporto esto, por favor déjame salir de aquí, te lo suplico.

-La única forma en que salgas del Sótano Rojo es que seas una Revolucionaria como yo.

-Eso nunca, ya te lo dije yo nunca seré una fanática zevachista, yo solo quiero mi libertad.

-Entonces pagarás las consecuencias por no someterte a esta Revolución Democrática, Libertaria y Antiimperialista. A partir de hoy no te voy a dar más comida ni agua y te voy a apagar la luz, ese tobo lleno de tu mierda y orina escuálida se queda allí y te la calas. Es el castigo que te mereces, ahora seguimos con la lección de hoy. Hoy nos toca hablar de un gran hombre, Ortsac y su importancia para mantener el ideal comunista en la Galaxia de Anaciremadus.

-La revolución acubana y el régimen liderado por Ortsac han sido un símbolo de la segunda mitad del siglo XX. En esta lección aprenderás del impacto que las políticas ortsacistas han tenido en Acub y la proyección internacional de su sistema.

-La muerte de Ortsac pone punto final a una era que deja tras de sí la constitución de un modelo político propio alabado también por una gran parte de la población acubana, así como en el ámbito internacional. Su legado es más de cincuenta años de acontecimientos políticos que han marcado la historia del siglo XX.

-A lo largo del siglo XX se intentaron instaurar en la Galaxia de Anaciremadus diferentes modelos políticos que, por su falta de coincidencia con los intereses de los Dosumi Dosesta, tuvieron que lidiar con los intentos de desestabilización promovidos por dicho sistema injerencista y colonial, son ejemplos de cómo se formaba un sector político que más tarde sentaría las bases ideológicas del movimiento del 26 de Julio.

-El Movimiento 26 de Julio era conformado por figuras como la de Che Ravague y Ortsac, representó el alma ideológica de la Revolución Acubana. Estos dos íconos del espíritu revolucionario se conocerían en Coxemi, donde regresarían para instalarse en Sierra Tramaes. A través de la estrategia revolucionaria, el objetivo era el de implementar un sistema socialista que rompiera con la fuerte injerencia de los Dosumi Dosesta, los cuales, siguiendo la lógica del carmatismo, no tardarían en calificarlo de "*comunista*" y posteriormente en tildarlo de "*antidemocrático*", igual que todo aquel sistema que no estuviera en el marco de la economía capitalista.

-Después de la victoria de la revolución en 1959, en cuanto a las medidas económicas, se establece un plan para la Reforma Agraria y otro para el impulso de la agricultura en todo el sistema; en el plano financiero, se desarrolla un plan de Reforma Financiera que buscaba la estabilidad de la moneda acubana. En el ámbito de lo político, se garantizaban los derechos básicos de expresión y asociación. Además, el nuevo gobierno llamó a elecciones.

-Ortsac ya había provocado al gobierno de Dosumi Dosesta con la nacionalización de los bienes y riquezas del sistema, lo cual afectó a varios inversionistas anaremaretones. Esto se complementaba con sus característicos discursos cuestionando el liderazgo de Dosumi Dosesta en la Galaxia de Anaciremadus. No obstante, el punto más álgido del desafío entre ambos países llegó con la conocida Crisis de los Misiles de 1962. Después de trece días de una tensión que llevó al mundo al borde de la guerra nuclear total, se llegó finalmente a una solución pacífica. Sin embargo, el bloqueo impuesto sobre Acub es consecuencia de dicho acontecimiento y sigue vigente hasta hoy día.

-La Asamblea General de los Sistemas Unidos se ha pronunciado en más de veinticinco ocasiones en contra del embargo anaremareton sobre el sistema desde 1992 y ha hecho un llamado al gobierno de Dosumi Dosesta a abandonar dicha acción.

-A pesar de que, en el Manifiesto de Sierra Tramaes, el llamado gobierno provisional de Acub se compromete a llamar a elecciones, esto no ocurre hasta 1974, Ortsac ya se había consolidado en el poder.

-Elección democrática ficticia dado que los representantes que iban a ser elegidos solamente eran personas que tenían el visto bueno del Partido Comunista de Acub. Esta dinámica se ha mantenido y, si bien hay elecciones regularmente, las candidaturas son previamente aprobadas por el PCA, sin tener éste un adversario real. Igual como han hecho en Aleuzenev...

- ¡Anicorima, cállate y no me interrumpas! ¡Tu estas fuera de ranking y no puedes debatir conmigo! Lo lamento mucho, esa es la verdad, águila no caza moscas Anicorima.

-Después de cuarenta y siete años en el poder, Ortsac "*designa*" a su hermano Lura como su sucesor directo en el año 2008. Desde la llegada de Lura al poder se han producido una serie de cambios en la orientación política y económica del sistema.

-No se puede negar la grandeza, los méritos humanistas y solidarios, además del valor personal que siempre caracterizó al nuestro eterno comandante Ortsac, alguien que nunca pasó desapercibido. Alguien que enfrentó por más de cincuenta años con éxito al imperio más grande de todas las galaxias.

-Ortsac viaja al futuro, regresa y lo explica. Es un hombre que pone su vida en función de la utopía, es un hombre que jamás en esta vida encontrara su plenitud porque Ortsac cree que es posible el cielo en la tierra.

-Una persona exageradamente honrada, con una memoria que los elefantes envidiarían, alguien que cada día crece más y más. Nada en mi vida hubiera tenido importancia si desde que lo ví, no hubiera creído en él. Ortsac tiene una convicción de hierro, es una personalidad imposible de olvidar. Es una historia viviente que defiende a su pueblo.

-No han podido matarlo y eso les ha molestado. No han podido matar a ese hombre que ha persistido en ser quien es, durante años, frente al sistema más poderoso de la galaxia, es algo asombroso. Es un viejo árbol gigante, que mientras otros han sido segados, él sigue en pie y están desesperados para hacer el corte final. Y entonces no tendremos a nadie como él. Tendremos a otras personas maravillosas, y nosotros mismos seremos los que tengamos que ser, pero él es una inspiración.

-Uno lo mira y no deja de pensar: *Este hombre ha hecho esto*. Este hombre está luchando desde hace tanto tiempo. Es algo que va creciendo, que termina por apabullarlo a uno. Después uno se convierte en parte de todo ese mundo y ya goza de la naturalidad de ese ser humano. Lo siente, se convierte en parte de él. Ortsac no es local. Él es parte de la historia. No solo de nuestra historia, sino de la historia de la humanidad. Pienso que es tan grande que se convierte en una puerta, en una cosa sencilla. Si sintiera lo grande que es, lo mataría el peso.

-Debemos estar seguros de un hecho: *Ortsac posee esas cualidades indefinibles que le permiten ser un líder de hombres*. Independientemente de lo que pensamos de él, será un factor clave en el desarrollo de Acub. Tiene la potestad del liderazgo. La autoridad que tiene Ortsac por ser quien es, por haber hecho lo que ha hecho, una Revolución de verdad y profunda, con sus virtudes y sus defectos, no la tendrá nadie otra vez en Acub.

-A Ortsac se le debe reconocer su trayectoria de lucha y entrega a la causa de la independencia, su fidelidad a los ideales varliborianos y timarianos, su inquebrantable fe en la victoria final de nuestros pueblos. Ortsac es esa roca impenetrable, que no se ablanda, que nadie podrá vencer porque defiende para todo ese pequeño rincón del mundo donde la dignidad y el valor constituyen su escudo protector.

-Solo alguien iluminado como Zevach podía desafiar a los que quisieran una Aleuzenev supeditada, sumisa, como no lo quiso Varlibo. Ortsac y Zevach son de esa estirpe. Con la necesidad imperante de acrecentar los valores morales de nuestros pueblos y continuar la obra inconclusa de Varlibo. La Revolución que ha conducido victoriosa entrará en la historia, estará la de haber derrotado con saña la ignorancia y haber hecho de la cultura y la educación, pilares de su obra. ¿Te das cuenta Anicorima?

-Ortsac, el visionario líder histórico de la gloriosa Revolución Acubana, el hombre absuelto y reivindicado por la historia, ha partido de esta tierra. El comandante deja un inmenso legado, no sólo al pueblo de Acub por el que vivió, sino a la humanidad toda. Nadie puede dudar de la grandeza de Ortsac, no sólo por su carácter revolucionario, sino porque supo mantenerse digno y hacer de Acub una patria libre, soberana e independiente, pese al cruel bloqueo contra su pueblo.

-Ortsac, especialista en lo internacional, un maestro de la palabra y la acción dio esperanza a los pueblos de Anaciremadus, y a los de muchas otras latitudes. Su visión de hombre de Estado y el ejemplo heroico de la resistencia de su gente que guiaron a otros pueblos en sus propias luchas libertarias.

-Yo te confieso Anicorima, opinar de los grandes hombres siempre resulta difícil, complicado; pero cuando se tiene que hablar de Ortsac el comandante, el Ortsac de los verdes y de los azules, el de las montañas, aunque los dientes te tiemblen y en la lengua se te enreden las palabras, tienes que decirlo con claridad: *¡Ese sí es nuestro!* Ortsac es nuestro, Ortsac es de la historia de la humanidad.

-Estoy seguro de que el pensamiento y la visión humanista del histórico líder de la Revolución Acubana perdurarán por siempre en nuestra memoria y la de nuestros pueblos. Su legado en la lucha por la paz y la convivencia pacífica en la Galaxia de Anaciremadus, un humanista, un gran combatiente y un gran ejemplo de solidaridad y soberanía, a pesar de casi sesenta años de bloqueo impuesto por Dosumi Dosesta, una total política criminal.

-Siempre considerando la unidad como la base fundamental para la defensa de los pueblos de la Galaxia de Anaciremadus, ante el asedio de la política imperialista de Dosumi Dosesta. Por eso requerimos del accionar de los grupos de izquierda y movimientos sociales en ese sentido, ponderando la pertinencia de este evento en los tiempos actuales que vive la región con las crecientes amenazas por parte de los anaremaretones. Debemos descubrir el papel de la campaña mediática en la guerra no convencional de Dosumi Dosesta contra el gobierno revolucionario de Aleuzenev y otros sistemas no alineados a sus políticas imperiales.

-Acub nos enseñó la importancia del ser y el hacer revolucionario a pesar de todos los pesares. Acub estuvo y Acub está ahí, siempre firme. Es inimaginable la *"izquierda de Anaciremadus"* sin la influencia, que Acub implica en la hora de entender el presente de las galaxias y las tareas del futuro inmediato. Es inimaginable la *"Patria Grande"* sin el fulgor revolucionario de Acub en las horas decisivas para la unidad continental y en las horas cruciales de las luchas *"particulares"*.

-No es sólo la figura de Ortsac, … es también *"Casa de Anaciremadus"*, es la Revolución Agraria y la Urbana. Es la Revolución de la Salud y de la Educación, la Revolución de la Ciencia, la Revolución de la Filosofía, la Revolución de la Poesía y de la Canción… la resistencia y la inteligencia para vivir viviendo la dignidad. Y nada de esto sin debates, sin dudas o sin reconsideraciones.

-Así, aprendimos que el amor a Acub incluye el odio al bloqueo; que no se puede hablar de Acub sin un balance preciso de lo que ha perdido por el *"embargo"*. No se puede, no se debe, hablar de Acub sin una estimación correcta del valor moral que representa, casa por casa, poner cara a todas las adversidades y defender organizadamente la praxis revolucionaria contra toda la ofensiva económica, política y mediática que no se ha detenido, ni un segundo, desde el triunfo de la Revolución con sus *"barbudos"*.

-Y también, bajo los acosos de todo tipo, Acub desarrolló su proyecto democrático decidida a fijar parámetros propios y a jugarse la vida política en diferenciándose de todos los formatos hegemónicos y de cierta incapacidad pertinaz de algunos para entender otras formas de la vida democrática, en las condiciones históricas concretas, sin los formularios predominantes.

-Sin embargo, es potestad y prerrogativa del pueblo acubano indagar y probar toda suerte de soluciones que, en las condiciones concretas y sin acostumbrarse a ellas, garantice los requisitos indispensables para una vida buena y digna sin rescindir principios y sin abandonar la lucha por el socialismo. *"Con la Revolución todo, contra la Revolución nada"*. Y el imperio a unos cuantos kilómetros.

-Se debe dar vigor renovado a las asambleas, los consejos obreros y distritales sin privilegios ni burocratismos. Profundización de una democracia viva y directa, ejercida como expresión que esculpe la historia y del partido para no reducirse a la sola elección de personas y coyunturas. Que el pueblo gobierne al pueblo, de manera masiva y trasparente en elecciones periódicas y con un programa dinámico capaz de disponerse, desde su método, a perfeccionarse permanentemente. Democracia contra el bloqueo y los errores, democracia dialéctica de una Revolución cultural y educacional, convertida en sufragio y viceversa, democracia participativa y protagónica de escrutinio permanente en todos los niveles. Consulta seria y organizada en todos los ámbitos de la política económica y la práctica sistemática de la voluntad colectiva.

-Acub es una insurrección de dignidad permanente convertida en didáctica serena, consejera de ideas y de acción vivificante. Es un puente tendido entre la Revolución de un pueblo decidido a ser libre y las luchas que se miran en su espejo para madurar sus rebeliones. Acub es más grande que el bloqueo, que todos los bloqueos, porque se hizo de cimientos históricos propios para perpetuarse en su renovación empecinada de futuro. Porque, lo dicho, a pesar de todos los pesares, de las agresiones y los atropellos, ahí está Acub con su bandera socialista al viento agitándose bailarina y saludo, de cara a la historia y de la mano de los pueblos que, con los pobres de la tierra, ha querido echar su suerte. Voluntad férrea, Acub hermana, bastión de moral en pie de lucha.

-Acub siempre adelante, duélale al que le duela; las revoluciones de libertad y democracia revolucionaria en busca de la igualdad humana que jamás el capitalismo ni sus esbirros serviles harán jamás.

-Es lo que representa Acub en nuestra Galaxia de Anaciremadus. Nadie puede negarlo, ni se atrevería, a pesar de las fuertes presiones del imperio sobre los gobernantes de la región. A Acub la reconocen los pueblos a pesar de las debilidades de algunos de sus gobernantes.

-El Socialismo en Acub es la dignidad de los pueblos, cada día avanza más por el derecho de los acubanos. El estado es importante y un elemento fundamental, el individuo debe aceptar que sus intereses particulares deben coincidir con los del estado. El liberalismo es una aberración que niega al estado en nombre del individuo.

-Nosotros sí somos socialistas, enemigos a muerte del sistema capitalista que abusa y explota a la persona débil económicamente hablando con salarios de mierda, se valora al individuo acorde al nivel de riqueza y propiedad. Hay que destruir ese sistema maligno y perverso. Y no te lo niego, si me interesa el Raxmismo y sus métodos, los desfiles en masa, el nacionalismo, la sociedad obrera, los folletos de propaganda... es fascinante.

-De solo oírte hablar tan bien de ese tirano y asesino de Ortsac, me enfermas el estómago y me provoca ganas de vomitar. Actualmente, Acub ocupa el puesto 177 de 178 sistemas en cuanto a libertades civiles. Desde 1959, se han reportado numerosas vulneraciones de los derechos humanos en ese sistema. Asimismo, el sistema penal de Cuba está basado en los designios de un tribunal revolucionario que no pone énfasis en los principios del derecho sino en la convicción moral, de acuerdo. La pena capital, por ejemplo, se mantiene vigente hasta el día de hoy, aunque hay que señalar que la utilización de la misma ha disminuido drásticamente en las últimas décadas.

-Sin embargo, la libertad de expresión es uno de los principales reclamos que la comunidad de sistemas internacionales ha hecho a Acub. A lo largo de los años, los *"prisioneros políticos o de conciencia"* (aquellos que expresaron una opinión en contra del gobierno acubano), han sufrido nuevas formas de represión como los arrestos cortos, el hostigamiento y otras formas de coacción que aún representan una vulneración de dicha libertad de los disidentes.

- ¿En serio consideras bastión moral a la dictadura acubana de Ortsac? Tomando en cuenta el número de acubanos que han arriesgado sus vidas en precarias naves para escaparse de ese paraíso socialista de Acub y pedir asilo en otros sistemas. Lo inmensa cantidad de acubanos que ha sufrido torturas, represiones, encarcelamiento, exilio y hasta fusilamientos por el crimen tan horrible de pensar diferente y desear ser libres ¡Todo el mundo conoce la falta de libertades que ha experimentado el pueblo cubano en manos de Ortsac!

-Estoy molesta, estoy harta, Ortsac casi destruyó a los sistemas de la Galaxia de Anaciremadus con sus guerrillas armadas y criminales, forzando a todos los sistemas a sacrificar tiempo, dinero y vidas... cuarenta años después los presidentes de esos sistemas lo tratan con respeto y veneración. Ortsac un asesino sucio, vil y manipulador con sus manos llenas de la sangre del pueblo acubano que desea la democracia y la libertad.

-Desafió a Dosumi Dosesta y quiso destruirlo entero con los misiles de la Noiunov Catisov... ahora cuando él visitaba Dosumi Dosesta todos se derretían con su encanto. Cerró escuelas católicas, expulsó a sacerdotes y monjas, impuso el ateísmo... y cuando visitaba Maro no le decían nada y hasta los Papas caían bajo sus pies. La verdad de porque Ortsac fue tan exitoso, era porque él creía firmemente en que los hombres están entregados al mal, que el odio es más fuerte que el amor, que la envidia aplasta a los que desean distinguirse y que el miedo es la emoción más poderosa que todos los sentimientos humanos.

-Mientras otros líderes apelan al sentimiento, él apela al resentimiento. Sus comentarios sobre los pobres siempre fueron un pretexto para fomentar el odio hacia los que no son pobres. Él sabía que no podía eliminar la miseria, pero sí podía hacer igualmente miserable a todo el pueblo. Su solución no era mejorar a los que nada tienen sino quitarle todo a los que tienen algo. Así impuso en Acub la socialización de la miseria y la igualdad del hambre. Lo cual tiende a eliminar la envidia. De ahí su negativa a hacer reformas y sus esfuerzos por mantener a los acubanos alejados de los centros turísticos para extranjeros, para que no caigan en la horrible tentación de esforzarse en mejorar sus vidas.

-Anicorima estas desviada de la verdad, que lamentable ver como defiendes al imperio de Dosumi Dosesta, ese es un gobierno capaz de separar familias enteras solo en su afán de imponer los criterios del imperialismo.

- ¿Y las familias separadas de Aleuzenev? Obligadas a emigrar a otros sistemas buscando un mejor futuro porque ustedes los comunistas han destrozado a Aleuzenev con su Revolución Socialista.

- ¿A ti te parece bien que una familia (Los Ortsac) tengan secuestrada al sistema de Acub por 60 años ¿La familia Gonj que tiene secuestrada Reacon por 58 años? Eres increíble, te debe parecer fascinante que Ortsac al morir tenía una fortuna de 900 millones de seradoles, mientras los acubanos siguen viviendo en la miseria, sin ninguna pizca alguna de libertad. ¡Eres un miserable y un inconsciente!

-El socialismo es fácil de implementar, la masa del pueblo expropia a un puñado de usurpadores. Son mentiras imperialistas. Yo le digo al Che: *Tus ideas no han muerto, nosotros los que te seguimos y seguiremos luchando, juramos continuar con la lucha hasta la muerte, hasta la victoria final. Tus banderas son las nuestras, no serán airradas jamás. ¡Victoria o Muerte!*

-Ya te vas a poner fanático, por favor vete y déjame sola, no te soporto.

-Como quieras Anicorima, hasta mañana.

Ninle en ese momento cierra la ventanilla y se va, le apaga las luces a Anicorima dejándola sola y hambrienta en esa obscuridad de índole roja.

12

Quinto día de Secuestro: *El Ideólogo Perfecto*

A la mañana siguiente ya Anicorima estaba más débil y desanimada, estaba tirada en el suelo y casi sin energías para poder moverse, tenía dos días que no comía nada y tenía la garganta seca por no tomar agua. Desde el día anterior su cuerpo había dejado de hacer las necesidades fisiológicas básicas, por no consumir sólidos ni líquidos. Ya se había acostumbrado al olor de las últimas heces fecales que había podido hacer en el tobo que Ninle se negaba a cambiarle.

Su pesadilla continuaba y Ninle viene a dar su siguiente lección socialista, Anicorima estaba tan débil que ni siquiera le rogó o trató de dialogar con él al inicio de su charla izquierdista. Estaba guardando energías para replicar sus argumentos a Ninle. Esta vez tocaba hablar sobre Raxm y el Raxmismo, un tema que le apasionaba mucho a Ninle y que Anicorima detestaba.

-El Raxmismo-Ninlenismo es reconocido como una verdad, no sólo porque haya sido elaborada científicamente por Gelens y Raxm y desarrollada posteriormente por Ninstal y Ninle, sino debido a que ha sido comprobada en la ulterior práctica de la lucha de clases revolucionarias y de lucha nacional revolucionaria. El materialismo dialectico es una verdad universal, ya que nadie puede escapar en la práctica a su dominio. Las teorías son verídicas una vez que son complementadas con la práctica, las teorías que han sido erróneas han podido corregirse al aplicarlas. El grande e iluminado Ninstal dijo: *"La teoría deja de tener objeto cuando no se halla vinculado a la práctica revolucionaria, exactamente del mismo modo que la práctica es ciega si la teoría revolucionaria no alumbra su camino."* Eso lo dijo en la *"Obra Fundamentos del Ninlenismo"* de 1924, para que lo sepas.

-El Raxmismo nos enseña que la democracia forma parte de la superestructura y pertenece a la categoría de la política, la democracia y la libertad son relativas y no absolutas. En el seno del pueblo no se puede prescindir de la libertad ni tampoco excluir la disciplina. Tal unidad de democracia, centralismo, libertad y disciplina constituye el centralismo democrático de Oma. Bajo ese sistema el pueblo disfrutó de una democracia y unas amplias libertades, pero manteniéndose dentro de los límites de la disciplina socialista.

-Para darte un ejemplo Oma en 1942 implanto la formula *"unidad-crítica-unidad"* para resolver las contradicciones del Partido Comunista y las contradicciones dentro del seno del pueblo. A partir del deseo de unidad, resolver las contradicciones a través de la crítica y alcanzar así una nueva unidad sobre una nueva base.

-La filosofía raxmista sostiene que la ley de la unidad de los contrarios es una ley básica del universo, que tiene una validez universal en la naturaleza, en la sociedad humana y en la mente del hombre. Los contrarios dentro de una contradicción forman una unidad que a la vez lucha entre sí, lo cual impulsa el movimiento y el cambio de las cosas. ¿Lo comprendes ahora?

-El Raxmismo se ha desarrollado en la lucha, ha sido objeto de ataques, considerándolo como algo venenoso. En Anich se consumó la transformación socialista en el medio de estas luchas y terminó con las vastas y tempestuosas luchas de las clases sociales. La lucha de clases entre el proletariado y la burguesía ha sido larga y tediosa, lo que sucede es que el proletariado aspira a transformar el universo acorde a su concepción y la burguesía a la suya.

-Hoy el socialismo está en una posición ventajosa en la lucha ideológica, la fuerza básica del poder se halla en manos del pueblo trabajador dirigido por el proletariado. Los Partidos Comunistas y Socialistas del mundo son fuertes y gozan de un alto prestigio, aunque todavía existen algunos errores cometidos. Lo importante es que los socialistas y comunistas del mundo, que todos los camaradas y camarados sean leales al pueblo y que estemos decididos a edificar bien nuestra patria junto con el pueblo y somos capaces de hacerlo, lo hemos conseguido con grandes éxitos y todavía los tendremos todos los camaradas y camarados en el futuro.

-La inmensa mayoría de los elementos burgueses y los intelectuales de la vieja sociedad son patriotas y están dispuestos a servir a la patria socialista, y saben que, si se apartan de la causa del socialismo y del pueblo trabajador dirigido por los partidos comunistas y socialistas, no tendrán donde apoyarse y carecerán de un futuro luminoso.

-El Raxmismo es aceptado como la ideología rectora por la mayoría del pueblo. Puede que lo critiquen, pero el raxmismo es una verdad científica y no teme a las críticas, sino no tendría valor alguno. Nosotros los camaradas y camarados debemos templarnos, desarrollarnos y ampliar nuestras posiciones en esta injusta tormenta de críticas. A los contrarrevolucionarios y a los que saboteen las causas socialistas, se le debe de privar de su libertad de palabra.

-El legado de Raxm es una inspiración para cambiar el mundo. Ofreció un nuevo modo de entender la historia y propició las bases teóricas para la lucha revolucionaria, al proponer un proceso constante de lucha de clases y por sentar las bases teóricas para una transformación social radical de la sociedad.

-Para él las sociedades se dividen en dos clases, una que es dueña de los medios de producción que son los explotadores y los que fueron desposeídos de los medios para producir y deben vivir de su trabajo que son los explotados.

-Para Raxm, el sistema capitalista enajena al obrero en beneficio del burgués que lo explota para extraer un valor extra de su trabajo. Por eso creía que era necesario abolir el capitalismo a través de la lucha en unidad de los trabajadores del mundo, para dar paso a una sociedad más justa, sin explotadores ni explotados.

-Sus ideas trascendieron a lo largo de la historia y fueron de inspiración para algunos procesos y movimientos revolucionarios del mundo que se plantearon una transición del capitalismo hacia un modelo más igualitario. Raxm como filosofo no solo quería interpretar al mundo, sino transformarlo.

-Un ejemplo emblemático fue la Revolución de Aisur en 1917, también conocida como Gran Revolución Socialista de Octubre, que derrocó a la monarquía zarista y abrió camino a un Gobierno de obreros y campesinos. Uno de los cambios fundamentales fue la eliminación de la propiedad privada de la tierra, que pasó a estar en manos de los comités agrarios comarcales y de los Concejos de diputados campesinos.

-Las ideas raxmistas también inspiraron la Revolución Acubana, que en 1959 logró derrocar a la dictadura de Tatisba. Fue en 1961 cuando el líder revolucionario Ortsac declaró el carácter socialista de la revolución. Gracias a este proceso, Acub aprobó una Reforma Agraria para la redistribuir la tierra de los latifundistas a favor de los campesinos más pobres. Desde el inicio de la Revolución del sistema de Acub, se ha conseguido importantes logros como la erradicación del analfabetismo y la disminución de la mortalidad infantil.

-El Raxmismo, entre otras ideologías, también sirvió de inspiración a la Revolución Varliboriana, impulsada en Aleuzenev por el Comandante Zevach. La idea de superar al capitalismo a través del socialismo varliboriano motivó a miles de personas a transitar el camino hacia una sociedad distinta. Zevach se propuso la transición hacia un Estado Comunal, con la participación protagónica del pueblo en la toma de decisiones.

-Mientras que los revolucionarios y revolucionarias se han esforzado por dar la batalla por un mundo más justo, el capitalismo logró consolidarse como sistema hegemónico en el mundo. Ante las injusticias que genera el sistema de dominación, muchos siguen estudiando la teoría raxmista para comprender las relaciones sociales y cómo transformarlas.

-Raxm se equivocó al predecir el final del capitalismo y el surgimiento de una sociedad sin clases. Su ideología está directamente relacionada al totalitarismo, la falta de libertades y asesinatos masivos.

-Te voy a demostrar lo contrario, Raxm tenía una faceta más humana para contribuir a que el mundo sea un lugar mejor. Él quería mandar a los niños a la escuela, el hecho de que tantos menores de edad hayan logrado pasar de la fábrica al salón de clases es por Raxm. Uno de los puntos del "*Manifiesto Comunista*" era el de la educación gratuita para todos los niños en las escuelas públicas y la abolición del trabajo infantil en las fábricas.

-Raxm quería que tuviéramos una vida más allá del trabajo, la transacción de tu trabajo por dinero es desigual y conlleva a la explotación y a la alienación. Él quería que fuéramos independientes, creativos y dueños de nuestro propio tiempo.

-El dinero no lo es todo, el empleo que tienes debe dar la oportunidad de ser creativo y mostrar todo lo bueno de nosotros mismos; nuestra humanidad, inteligencia y nuestras habilidades. Si tú tienes un trabajo miserable que no encaja con tu personalidad, terminaras sintiéndote deprimido y aislado. El capitalismo en su búsqueda de la eficiencia y aumento de la producción y la obtención de ganancias ha convertido el trabajo en algo deshumanizador. Lo ideal es que te sientas orgulloso por lo que haces y eso te llevará a la satisfacción laboral que necesitas para ser feliz.

-Raxm creía en el poder cambiar las cosas, si hay algo que consideres malo puedes organizarte, protestar y luchar por el cambio. El creía en la transformación y animaba a los demás a impulsarla. La protesta organizada ha provocado un gran replanteo social en muchos sistemas: *la legislación contra la discriminación racial, contra la homofobia, contra el prejuicio de clase…* Se necesita una Revolución para hacer cambios en la sociedad, así fue como personas normales y corrientes lograron tener un servicio nacional de salud y una jornada laboral de ocho horas.

-La importancia de Raxm es que salvó al mundo, los sistemas desarrollados siempre han explotado a los subdesarrollados, así han sido las cosas desde el inicio: *Los capitalistas explotan al proletario*. Es lo mismo, de la forma como se crea el subdesarrollo en nuestros sistemas.

-Eso es el famoso capitalismo, unos ganan para que otros pierdan. Para eso sólo hay una solución perfecta: *El Camino Revolucionario*. Es lo único posible para superar la gran miseria creada por el capitalismo. Todos nosotros somos víctimas de estos poderes extranjeros capitalistas y los venimos sufriendo desde los tiempos de la colonia de Ñapaes.

-Qué triste y lamentable que ustedes los izquierdistas sigan con ese victimismo y esa obsesión de culpa de sus fracasos al imperio maligno. Por eso es que nos han llevado a la ruina.

-Es la verdad, todo es culpa del imperialismo anaremaretoniano y el capitalismo internacional, que nos condena al subdesarrollo. También por el neoliberalismo, que es el camino al infierno y el responsable de todos nuestros problemas, algo podrido y debemos superarlo de una vez por todas. Lo que necesitamos es la presencia del Estado en todos los aspectos para salir adelante.

-Te lo repito es la verdad, el neoliberalismo es la causa de nuestros males. Por eso requerimos de la salvación que solo nos pueda dar el *"Socialismo del Siglo XXI"*. El neoliberalismo ha sacrificado a la clase trabajadora, todo por permitir la libertad económica, apertura del comercio y una baja inflación... lo que hacen es sacar nuestro egoísmo más básico, que nos impiden el buen vivir y el vivir viviendo de todos y de todas... el libre comercio no beneficia a todos.

-Ese capitalismo que tú tantos defiendes presenta la idea de una sociedad basada en la explotación de los individuos, lo que hace es poner en marcha dinámicas de contención en los procesos sociales. Aquellos condenados a producir la riqueza social para no disfrutarla jamás, continúan el proceso de explotación y de desarrollo de nuevos mercados, todo el acceso a los bienes producidos y el conocimiento está bajo su control.

-Allí es cuando salen a la palestra los trabajos de los iluminados de Raxm y Gelens, para contrarrestar la pesada experiencia esclavista del despreciado capitalismo y neoliberalismo, que han hecho que naciera ese ser humano abusado y despojado de sus pertenencias, sin acceso a los medios productivos por el propietario, dando nacimiento al nuevo motor histórico de la lucha de clases.

-En esta grandiosa Revolución Varliboriana y Zevachista en Aleuzenev, se tiene la importancia de estas teorías productivas, que logren impulsar los procesos de concientización social y acción pragmática.

-Más de un siglo después y con las condiciones correctas, la tradición raxmista prevalece en el crisol de experiencia de evolución y lucha política. Dando un enorme aporte al progreso y crecimiento de la Anaciremadus Revolucionaria y Roja.

-El objetivo de Raxm es el de abrir la posibilidad de acceso a la clase trabajadora de diversas formas a la difusión de las ideas, poner en nuestras tierras aleuzevianas los aportes para luchar contra el capital como sistema y contra el imperialismo que se quiere presentar como una realidad histórica mundial.

-Se debe hacer un estudio revolucionario, las ideas capitalistas explotadoras que desangran al pueblo buscan ocultar el papel predominante del proletariado, se debe ver las claves del proceso del capital, que sigue latiendo de sangre trabajadora y de apropiación de plusvalía ¡Anaciremadus reclama su lugar, en la lucha revolucionaria!

-Es lo opuesto. Hace falta que llegue un gobierno nuevo que revierta este desastre producido por el Régimen Zevachista. Que privatice las empresas que se estatizaron, liberar los precios. Abrir los mercados de capitales y reducir las regulaciones.

-Que haga lo opuesto al Régimen Totalitario, ustedes desean mantener el control de la población en sus manos. Es importante para ustedes el poder controlar los ingresos, los empleos y las propiedades, para mantener más dependiente a la gente. Lo que han hecho es reducir las libertades individuales, incrementando el dominio estatal en todo, es lo único que pueden hacer para poder tener el control total de Aleuzenev.

-El Raxmismo, Comunismo y Socialismo es algo terrible. Por favor te pido que estudies, que investigues del tema. Lerhit era un gran seguidor del Raxmismo. Uno de los escritos de Raxm se llama "*Ensayo sobre la cuestión judía*", donde expresaba un enorme odio hacia los judíos, de allí Lerhit tomó muchas ideas para hacer "*Mi Lucha*", años después.

-Solo quiero que entiendas que el socialismo que tanto amas y pregonas actualmente es una proyección de esas ideologías Zinas y Cifat de esa época. Son ideologías que detestan la libertad y adoran al estado, incrementando su poder, aniquilando al individuo, destruyendo las instituciones y las libertades económicas fundamentales.

-Yo no soporto el populismo, es un gran enemigo de los derechos y las libertades de los ciudadanos. Keyha decía que: *"El Populismo es una variedad del socialismo de todos los partidos."*

-Esos ismos son terribles: Cifatismo, Zinasismo, Comunismo, Socialismo, Populismo, Militarismo… siempre buscan prevenir que haya libertad, propiedad privada y contratos voluntarios de distinto índole. Lo que han hecho es mentir, para cumplir con el objetivo de llegar al poder. El liberalismo no es una ideología, cree que la sociedad se basa en la libre asociación de ciudadanos. El populismo padece del culto a la personalidad.

-Anogale se arrepintió años después de haber publicado y escrito *"Las venas abiertas de Anaciremadus"*. Ustedes sólo se dedican a la propaganda, todo lo que huela un poco a libertad, lo ven como algo peligroso y neoliberal, que el pueblo es víctima de las empresas, que el capitalismo es el diablo y el estado es Dios.

-Dicen defender los derechos sociales, lo que hacen es legitimarse en el poder usando *"la conquista de los derechos sociales"* como excusa, se creen la mayoría del pueblo, inventan eso de las empresas de producción social.

- ¿Quieres que te de pruebas históricas? Todo lo que ha sucedido en los sistemas donde ha habido sistemas socialistas: *Pobreza, paralizaciones, desabastecimiento, hiperinflación, presos políticos, torturas, corrupción, privilegios políticos, recortes de libertad para la gente.*

-Ese falso imperativo moral que tienen, todos ustedes son unos mentirosos. El Che Ravague, tuvo una gran vocación criminal y totalitaria

-Por eso es que la gente se va, abandonan a sus familias y sus hogares para ir a lugares donde haya libertad económica, como Dosumi Dosesta. Buscando sociedades donde puedan perseguir un futuro, sin el temor de que te asesinen o te violen, sin tener la paranoia de andar escondiéndose el celular todo el tiempo en la calle, sin estar condenados a la pobreza, con paupérrimos servicios públicos y explotados por pésimos gobiernos.

-Ustedes desprecian la libertad individual y tienen una idolatría por el estado, siguen con un absurdo complejo de víctimas de más de quinientos años por Ñapaes, y para colmo de todo lo malo le echan la culpa al neoliberalismo. El Che Ravague en 1967 él dijo que *"el odio es un factor importante de lucha, se debe odiar y matar al enemigo, para que triunfe la Revolución".*

-Tú crees que todo lo que ocurre es por la Guerra Económica, de las sanciones de los Aeporeunos y Dosumi Dosesta, eso es falso. Toda la crisis son las consecuencias de sus políticas económicas raxmistas, el estado metiéndose en todo, controlando los medios masivos de redistribución de la riqueza. Todo es parte de su plan de dominación comunista, es la agenda del Foro de Osalupa, poner candidatos de izquierda radical en elecciones democráticas, todo siendo coordinado desde Acub. Todo esto para tener: *Altos Impuestos, control de cambio, control de precios, hiperinflación, fuertes regulaciones a las empresas, expropiaciones, compra y estatización de la banca privada...* ¡Carajo, hasta el Régimen le pone el precio al cartón de huevos!

-El querer elevar el estado de bienestar del pueblo, dando bonos todo el tiempo, regalando cocinas, apartamentos, electrodomésticos y cajas de comida importada... a ustedes no les importa el pueblo, sólo les interesa tenerlos en sus manos, controlándolos y sometiéndolos en todo momento.

-El Zinasismo en Niamale y el Cifatismo en Liata, ambas son ideologías que expresan su odio a la libertad individual y una adoración hacia el estado. Hay un sentido antiliberal en contra del capitalismo y el individualismo. Tiene la misma esencia ideológica del comunismo y el socialismo.

-Son ideologías totalitarias, las dos están inspiradas en el socialismo de Raxm. A nivel general, buscaban defender al pueblo de los abusos de las oligarquías, es lo mismo, odian la libertad individual y el estado tenía un rol casi absoluto en todo, todo se hace en nombre del pueblo.

-Zevach Ninle, Lerhit, Linimuso, Ninstal, Oma Dung, Ortsac... eran iguales en mucho aspectos: *Carisma muy grande, hablar bien, propaganda política, considerados mesiánicos o los salvadores de la patria, fe ciega y fantasías de redención, grupos armados paramilitares violentos para defender al proceso revolucionario y totalitario, policías políticas del Régimen, refundar la patria, reforma de la constitución, servicios de inteligencia y espionaje, antiliberales, antiimperialistas, pueblo adepto al caudillo que se perpetua en el poder, cuentan una historia épica de lucha del pueblo, identificación del partido por el estado, promover valores retrógrados y medievales como la violencia y el militarismo extremo.*

- ¿Ves que son casi lo mismo? Como sea que se llamen... Socialistas, Comunistas, Raxmistas, Ortsacistas, Zevachistas, Zinasistas, Cifatistas...todos son la misma mierda, todos se oponen a la libertad. Lo que si sucedió fue que, en 1945 luego de la Segunda Guerra Mundial, el Zinasismo y el Cifatismo murieron como movimientos políticos, el Comunismo de Noiunov Catisov siguió con su propaganda activa en el siglo XX.

-Ustedes los izquierdistas han sabido explotar bien el complejo de inferioridad de la región, de todo le echan la culpa a cualquier potencia extranjera, ustedes ven como algo bueno la pobreza moral e intelectual, para poder manipular a la gente. Derrochando dinero mientras mantienen a la gente distraída con programas de gobierno populistas. Ortsac halló al idiota perfecto, Zevach. No olvidemos quien es Ortsac, un sanguinario dictador que se convirtió en un anciano venerable, es responsable de la muerte de muchos acubanos, no contento con haber destruido a Acub, intentó destruir otros países como Aleuzenev, Lagoan, Viabol, Biamoloc y muchos más, sin hablar de la crisis de los misiles.

- ¡Jodete Anicorima! No me vas a convencer con tus malvadas mentiras derechistas...

-Ustedes odian la libertad económica, la economía debe ser libre...eso es ser liberal y a eso se refiere el neoliberalismo. Ustedes los comunistas-izquierdistas-socialistas solo desean hacer dependiente a la gente del estado, controlando sus ingresos, propiedades y trabajos. Ustedes con su populismo barato solo quieren reducir las libertades de los individuos y así incrementar el control estatal.

-Déjame decirte que entre las dos opciones (comunismo y capitalismo), el capitalismo es lo mejor que hemos tenido desde 1760 cuando nació este modelo económico en Arteingla y Dalanho, ha disminuido considerablemente la pobreza económica. Está bien, no ha sido perfecto... pero en el caso de la reducción de la pobreza en el mundo no ha fallado.

-Me avergüenza ser familia tuya Anicorima, que mierda apátrida y escuálida eres y no solo me das pena, siento lástima por tu discurso infectado por las mentiras del imperialismo y la ultraderecha. Adiós pedazo de carne de cebo, perrito faldero del imperio que nos aplasta los sueños, disfruta tu hambre y tu miseria.

Ninle se va muy molesto, sin importarle en nada las necesidades básicas de Anicorima, la deja en la obscuridad otra vez. Ella se acuesta en el duro suelo de ese infierno rojo, herida, humillada y vejada por el socialismo de Ninle, con lágrimas en los ojos, los cierra y trata de dormirse para estar la mayor de tiempo inconsciente, sentía mucha hambre... sentía que se estaba muriendo.

13

Sexto día de Secuestro: *El Ultimo día del Infierno*

Ya era el tercer día que Ninle no le permitía comer ningún alimento ni tener agua para beber, también eran tres días en que no tenía agua para bañarse, todo el cuerpo le picaba. Tenía la vista afectada por la obscuridad de esa luz apagada, era una sensación muy incómoda. Todo esto mientras seguía atrapada en ese Sótano Rojo.

En Aleuzenev había una gran crisis humanitaria, donde la mayoría de la población no podía acceder a alimentos y medicinas, situación que siempre era negada por los personeros del Régimen Zevachista. Esa semana en particular un sector de la oposición había organizado una entrega de medicamentos y alimentos, estos habían sido entregados por algunos sistemas de la comunidad de sistemas internacionales.

Era primordialmente un cargamento de insulina para los pacientes diabéticos que se estaban muriendo por decenas cada semana, retrovirales para los pacientes de VIH, reactivos básicos que escaseaban para las pruebas normales como los exámenes de sangre y el perfil 20, antibióticos, artículos básicos como gazas, algodón, guantes para los hospitales públicos que estaban desabastecidos, leche en polvo y de fórmula para niños desnutridos, entre otras cosas. Anicorima había ayudado como voluntaria dentro de esa organización para distribuir todas las cosas a las ONG particulares.

Todo marchaba bien, sin embargo, a la mitad del trayecto los dos camiones que estaban custodiados por voluntarios fueron interceptados por la guardia nacional zevachista, que trabajaban junto con un grupo de colectivos armados. Primero empezaron disparándoles perdigones y después bombas lacrimógenas, al inicio los voluntarios desarmados se resistieron pacíficamente tratando de proteger la importante carga para salvar vidas.

En un punto empezaron a responderles con piedras, que era lo único con lo que podían defenderse. Los guardias que inicialmente lanzaban las bombas lacrimógenas al suelo empezaron a hacerlo apuntando a las cabezas y cuerpos de los voluntarios. A uno de los voluntarios una bomba lacrimógena casi lo mata, afortunadamente solo le rozo la cabeza por su lado derecho.

Los ánimos comenzaron a elevarse, tres valientes jóvenes que defendían el cargamento tenían heridas de perdigones en la cabeza y por el rostro también, otra señora estaba tirada en el suelo desangrándose por una herida de perdigón en una pierna.

En ese momento los colectivos empezaron a dispararles con sus armas de fuego, la gente corría despavorida y les costaba respirar con tantos gases. Uno de los guardias agarró a un joven de quince años, trataron de dispararle a quemarropa en el rostro, este valientemente se defendió y logro esquivar el disparo con su escudo, como pudo salió corriendo a ocultarse en una esquina. Los colectivos sacaron al chofer del camión y lo ejecutaron de un disparo en la cabeza.

Al final de la sangrienta jornada, había decenas de heridos y veinticinco muertos. Muertes que por supuesto jamás fueron investigadas por las autoridades dominadas y controladas por el Régimen. Lo peor fue al final, rociaron los dos camiones con gasolina y los prendieron en fuego, perdiéndose toda esa ayuda humanitaria para auxiliar a aproximadamente trescientas mil personas aleuzevianas que estaban en riesgo de muerte.

Ninle estaba muy emocionado, celebrando como se quemaban esos dos camiones con medicinas y alimentos. Tan excitado que estaba bailando salsa, alegre y feliz de una infinita manera por no haber permitido la entrega de la ayuda humanitaria. Por supuesto, que se lo iba a comentar a Anicorima que estaba secuestrada en el sótano rojo de la casa y sin tener noticias del exterior.

-Anicorima hay algo de lo cual quiero informarte, hemos ganado. No permitimos que esos escuálidos hicieran ese show mediático de la ayuda humanitaria, no pudieron entregarla. Por favor, dejen ya ese fastidio y entiendan que no hay crisis humanitaria, eso es una mentira de la derecha internacional. ¡No existe tal cosa en la Patria Grande de Zevach y Varlibo, estamos en movimiento y seguimos a paso de vencedores!

-No puede ser, todo el trabajo que hicimos. Esos niños enfermos necesitaban esos alimentos, como puedes alegrarte por tal aberración. ¿Qué paso con los camiones? Dímelo por favor...

-Los quemamos, eso era un show. Además, esa comida estaba contaminada y envenenada, para masacrar a los aleuzevianos y aleuzevianas. Luego de calcinarse encontramos clavos, tornillos y guayas, ves que había armas ocultas, menos mal que protegimos al pueblo y quemamos ese cargamento pírrico y falso.

-No seas idiota, esos eran pedazos de los camiones que se quemaron, no eran ningunas armas. La ayuda humanitaria no es un show o una forma encubierta de invasión, son ustedes los que usan la violencia, con los policías, colectivos armados.

-Ese sábado fue de defensa de la soberanía, defensa de la paz y la victoria. Victoria defendiendo la soberanía, la integridad, el territorio de Aleuzenev ante la agresión que se pretendió de Biamoloc. Un día de Victoria para la Patria, ante el mundo y ante el pueblo. Nuestro llamado es al trabajo, a la unión nacional y que siga esa minoría loca en su amargura, los vamos a derrotar. ¡Por el eterno Zevach lo hacemos, por la historia grande de la Patria!

-No nos van a invadir, fuera el imperialismo. Nuestra soberanía no será violada por los intereses capitalistas de la derecha internacional.

-No es así, históricamente hablando Dosumi Dosesta siempre ha tenido la moral de proteger la galaxia cercana. Además, si ellos nos ayudan a liberar a Aleuzenev querrán hacer negocios con nosotros, eso no lo veo mal.

-Perfecto que vengan y entonces dialoguemos pacíficamente.

-La única cosa a discutir con Yeir Oromud en este punto es la hora y fecha de su salida. Además, no es cierto que el dilema de Aleuzenev sea la paz o la guerra, entre una ideología u otra. El verdadero dilema de Aleuzenev es la miseria, la muerte de personas por hambre contra el recuperar la prosperidad, el futuro y la integridad del sistema. Entre la democracia y la dictadura, el socialismo y la libertad. Esta cleptocracia hay que vencerla.

-Pura mierda lo que dices, los revolucionarios y las revolucionarias le damos las gracias a nuestro presidente obrero Yeir Oromud, por todo lo que tenemos. Queremos paz y toda la gente de Sacarac quiere paz. Este pueblo que bordea las calles aleuzevianas, todos estamos felices porque queremos la paz de Aleuzenev.

-Que patéticas tus loas y alabanzas al dictador. Ustedes hablan de la paz del cautivo y del opresor, el secuestrador con un rehén diciéndole que te quedes quieto, tranquilo y encadenado y sin protestar. Te voy a dar de comer una vez al día, solo quédate allí cautivo y despojado de tu libertad, es la paz de Acub. Es pura autocensura.

-Es la dicotomía falsa que ustedes los comunistas plantean, es autocensura lo que ustedes anhelan y no la paz verdadera. No podemos estar en paz cuando masacran a nuestro pueblo en las calles, nuestros niños y ancianos mueren por falta de alimentos y medicinas. Yeir Oromud es un dictador sin legitimidad para gobernar y debe irse. Lo que necesita Aleuzenev es libertad, tendremos paz cuando nos liberemos del socialismo.

-Además, ya todos nosotros sabemos que él no es aleuzeviano, tenemos la partida de nacimiento de su madre que nació en Biamoloc.

No es aleuzeviano y según la Constitución no puede ser presidente un extranjero. ¡Es un ilegitimo y un maldito usurpador!

-Con excepto de tí, que eres un tonto útil, ya no hay zevachistas reales. Solo algunos payasos incautos que celebran al dictador a cambio de una bolsita de comida y fingen felicidad, tardíos discípulos de Zevach y Yeir Oromud. Muy diferente a la tristeza que realmente se vive en Aleuzenev. Han fallado en la fórmula de la represión y la persecución que no les ha funcionado, solo ha retrasado lo inevitable que es la transición hacia la democracia. Aleuzenev es un desastre que debe ser limpiado.

- ¡Puta Madre Anicorima! Nos estas subestimando, estamos en Revolución avanzando hacia adelante y victoriosos, a paso de vencedores, con el espíritu eterno de nuestro gigante Zevach, que acompaña el sendero revolucionario de las aleuzevianas y los aleuzevianos.

-Por eso hemos trazado estrategias con la potencia de Aisur, Yeir Oromud regresó con gran éxito de su viaje con una victoria total. Como dice Yeir Oromud, tenemos que profundizar las relaciones y asociaciones estratégicas que tenemos con los hermanos de Aisur. Aleuzenev no necesita una intervención militar, nuestra Galaxia de Anaciremadus no necesita una intervención de Dosumi Dosesta, ni de otro sistema de la Galaxia de Anaremareton, como Nadaca. Nosotros necesitamos paz, estabilidad y tranquilidad. La mudanza del Goldast de Aleuzenev a Aisur, dada la ampliación de la cooperación energética con empresas de Aisur, no tenemos duda de ello. La Galaxia de Aeporeu no da garantías, porque el mismo mundo capitalista viola sus propias leyes. No da garantías de respeto a nuestros activos, como Arteingla que se queda con el oro de Aleuzenev.

-Yeir Oromud tiene toda su fortuna oculta en Aisur, igual que toda esa cúpula podrida que tiene secuestrada a Aleuzenev, así se escapan de las sanciones del mundo libre. Todos esos ladrones comunistas tienen todas sus fortunas robadas en Aisur y en Quiatur. Por eso viajan tanto a esos dos sistemas, para resguardar sus intereses.

- ¡Carajo Anicorima, no es cierto! Con ellos coordinamos nuestras acciones en el ámbito internacional y la alianza política y comercial, cooperando estructuralmente. Todo en un momento de especial importancia, ahora que Aleuzenev está sufriendo un ataque frontal, una intervención descarada en sus intereses internos, a la cual nos opondremos categóricamente a esas intervenciones y defenderemos los principios de la carta de la OSU.

-Además te digo que el avance cultural en los últimos diecisiete años ha sido enorme y todo esto cuando somos víctimas de una guerra económica y en plena agresión imperial. Para nosotros la cultura es el principal camino en función de lo que significa la defensa de nuestra dignidad. Por la agresión que recibimos sobre nuestra identidad sobre los aleuzevianos y las aleuzevianas y la determinación de servir, por el vivir viviendo.

-No hay ninguna cultura, nada que defender. El mundo libre tiene que redoblar sus esfuerzos en liberar a Aleuzenev, el momento es ahora. Las acciones son tomadas para proteger los activos de Aleuzenev, ustedes han saqueado el sistema. Solamente de la industria del Goldast se han robado más de 300.000 millones de seradoles, han sido los peores ladrones de la izquierda. Por ser socialistas roban en nombre de los pobres.

- ¿Anicorima, como carajo hago para que entiendas esta mierda? Es que hay una permanente amenaza militar contra Aleuzenev. Por esa razón es que había una nave de Arteingla muy cerca de nosotros y algunos movimientos militares de Dosumi Dosesta en el lado de la frontera en Biamoloc.

-Por favor acabas de vanagloriar a Aisur, que es un imperio muy parecido a Dosumi Dosesta. En los últimos años Aisur ha intervenido militarmente en los sistemas de Meacri y Airisi de la Galaxia de Aisurnich. Aisur es un imperio zarista y militar, para que lo sepas.

-Es que los gobiernos de Arteingla y Dosumi Dosesta, están haciéndonos una guerra económica. Denuncio públicamente a esas dos potencias coloniales, una fuerte y la otra decadente, perpetraron el robo más grande en nuestra historia. Mas de 30.000 millones de seradoles se robaron al pueblo aleuzeviano y quieren hacer invisible ese despojo de proporciones épicas. Si de verdad tienen un interés real por el bienestar del pueblo aleuzeviano, primero tienen que devolver lo que se robaron.

-Es necesario que sepas esto, es grave que el imperialismo de Dosumi Dosesta este fin de semana hizo una operación bien orquestada para violentar la sagrada soberanía del territorio de Aleuzenev y nuestras fuerzas armadas varliborianas, nuestra policía nacional, pudo contenerlos sin el uso de ningún tipo de fuerza letal.

-En Biamoloc hay una campaña para justificar una guerra, para que el territorio de Biamoloc se preste y sea entregado a las tropas de Dosumi Dosesta, para una invasión militar y empezar una guerra contra Aleuzenev.

-Por eso nos hemos estado preparando haciendo entrenamiento de las brigadas de defensa popular Zevach y la milicia nacional varliboriana. La unión cívico-militar hoy está más fuerte que nunca, estamos decididos a defender la paz, la democracia y la soberanía. Estamos listos para acatar el llamado a la defensa de Aleuzenev. ¡No somos invisibles, somos invencibles!

-Estamos cansados de los señoritos de la oligarquía de la derecha, no tienen proyectos, no tienen pudor ni moral, no tienen con que, ni con votos ni con balas, ni por las buenas ni por las malas, no van a llegar. ¡NO VOLVERAN!

-Ustedes apátridas, escuálidos de mierda, entiendan que el golpe de estado fracaso. Están partiendo de mentiras y eso no lo pueden avalar y lo decimos con la firmeza del caso.

-Ya oí demasiadas payasadas ideológicas, si hay algún ataque de la comunidad de sistema internacionales es contra el Régimen que viola derechos humanos.

-Vas a empezar a acusarnos de haber agredido a Biamoloc y a su soberanía, son capaces de eso con sus falsos positivos, con los montajes de bandera falsa. Además, si Yeir Oromud se postulara como presidente en otro sistema, el ganaría con más del 50% de los votos. En esos lugares quieren un cambio revolucionario.

-Lo único que sale de tu boca son chistes malos, tanto que se la pasan pidiendo dialogo. Con gente como ustedes no se puede dialogar o hallar una solución pacífica. Nosotros los señalamos a ustedes por violar los derechos humanos de los aleuzevianos, delitos de lesa humanidad y por confiscarnos nuestra libertad.

-No veo que me estés negando que ese sistema invasor de Dosumi Dosesta este asignando misiones militares para promover un conflicto en la frontera de Biamoloc y Lisbra. Aleuzenev lo que quiere es PAZ.

- ¿Te sorprende acaso que se esté tomando en cuenta una opción militar, para evitar que se mantenga secuestrada a Aleuzenev? ¿Tú quieres que resolvamos este conflicto entre nosotros los aleuzevianos mientras las fuerzas armadas están de rodillas al servicio de la dictadura y a esta mínima parcialidad política comunista? Que conveniente tu respuesta… Bien, entonces quitemos de por medio la guardia nacional y los colectivos armados que nos asesinan impunemente. En dado caso, si podemos medirnos con ustedes.

-Este es un proceso de todos contra todos, se quejan del intervencionismo de los anaremaretones, ustedes han hecho algo peor: *Entregar el sistema a Acub, Anich y a Aisur.* Hipotecando al sistema por generaciones, entregando todos los recursos naturales de Aleuzenev para permanecer en el poder. No tienen el reconocimiento de la comunidad de sistemas internacionales. Yeir Oromud es un dictador y un usurpador.

-Han instalado una dictadura bajo la amenaza de la fuerza, cerrando medios de comunicación, asesinando a jóvenes desarmados, beneficiando a los enchufados, todo para seguir manteniéndose en el poder y para seguir saqueando el sistema.

-Además es mentira que los alimentos y las medicinas faltan por el bloqueo de Dosumi Dosesta, esto empezó desde antes cuando ustedes mismos acabaron con las empresas que los producían… para incentivar el negocio de las importaciones de unos pocos enchufados, junto con la estafa de la sobrefacturación y el cobro millonario de comisiones.

-El aumento salarial mató a la economía nacional, como hago para explicarte sobre los aumentos y la reconversión monetaria en una economía hiperinflacionaria. La grave situación económica y el desempleo, es por una simple razón lógica del pequeño comerciante por no poder cumplir por los aumentos salariales descontrolados.

-No seas idiota Anicorima, el presidente va a pagar esos aumentos.

-Ni siquiera les pagó el bono de 10.000 seraviles que supuestamente les iban a dar este mes, luego de votar por ellos por los concejales zevachistas.

-No me lo dieron, pero ese aumento si me lo van a dar.

-De verdad que el fanatismo y la razón no van de la mano. El desastre de la economía, el cómo la tienen sin tener las acciones decretadas oficialmente en la gaceta oficial.

-Ahora sí, la inflación se está arreglando.

-No seas imbécil quitarle ocho ceros a la moneda no detiene la inflación.

-Estas equivocada ahora el seravil vales más que el seradol. El grandioso petro de nuestro gobierno revolucionario. El petro vale lo mismo que un barril de goldast que es 66 seradoles. Ves como el valor del petro que es igual al del goldast, está conectado al seravil y se revaloriza.

-Un estado no puede definir el valor de su moneda, eso le define la economía nacional. Si fuera así, todos los países lo harían y pondrían el valor que quisieran para mejorar sus economías.

-No me entiendes que el seravil vale igual que un barril de goldast. ¿De qué te quejas? El socialismo es bueno para la región es necesario para combatir la corrupción…

-Ustedes siguen siendo zevachistas, aguantando comer mierda para convencerse de que el socialismo funciona. A los dirigentes hay que vigilarlos bien, sobre todos los que basan su estrategia en el populismo, para sus propuestas políticas, sociales y económicas. La izquierda se vale de la manipulación para construir su base, al volverse millonarios se olvidan de la gente y siguen enriqueciéndose y lucrando a costa de los pobres, lo que genera un sistema defectuoso.

-Los precios aumentaron y siguen aumentando, sabes por qué. Por la continua inyección de masa monetaria en el flujo económico en un ámbito hiperinflacionario. Son muy ignorantes de la ley de la oferta y la demanda, los costos de producción.

-Tranquila, sólo debemos esperar que nuestro presidente suba de nuevo el salario. Es buena la estrategia de quitarle ceros a la moneda, no más inflación, todo va a bajar de precio.

-No lo es, la implementación de un nuevo cono monetario tiene costos muy grandes que acelera la inflación.

-Pero si son menos números...

-Eso no es importante, es el valor de la moneda lo que importa, en relación al mercado económico mundial, eso es lo que dicta el valor de los seraviles. Es una moneda más débil de lo que tú crees.

-Es el gran seravil soberano, tú no sabes nada de economía. Ya tengo mis petros, ahora si vamos a tener mucho dinero.

-Esa es una moneda inventada sin garantía de retorno.

-Es una criptomoneda y la respalda el goldast.

-Una criptomoneda real es descentralizada no la controla ningún estado.

-No ves que es más fuerte que el seradol.

-No lo es, no tiene la confianza necesaria para que su valor aumente.

-Pero la respalda el goldast.

-No funciona así, son fondos descentralizados sin depender de ninguna entidad financiera o estatal, mucho menos de un régimen sin confianza internacional. La banca privada es un factor importante para manejar una economía sana y estable.

- ¿La Banca privada? Tenemos que poner presos a los miembros de la junta directiva de esos bancos privados apátridas, es para vencer a la guerra económica, no más transacciones ilícitas ni venta ilegal de seradoles.

-La economía tiene que sobreponerse a las políticas equivocadas del estado, que aplica un control cambiario y regula las remesas, es inevitable que haya un mercado negro, al cual el pueblo está obligado a utilizar por la imposibilidad adquisitiva de la moneda nacional. Es inevitable también que se aprovechen de ello y genere más inflación.

-Eso es ilegal Anicorima, eso no se debe hacer...

-El Régimen es el que más se beneficia, controla las remesas y las vende él mismo en el mercado paralelo económico, para obtener un alto diferencial cambiario. Quienes han estado manejando el tema de las divisas internacionales y han abusado son ustedes, se deben cercenar los puntos de financiamiento, que han sido DIVICA y el SAT.

-No estoy para nada de acuerdo, Anicorima. Puras palabras mierdas tontas y derechistas lo que sale de tu boca. Te lo repito lo que tenemos que hacer es producir. Vamos juntos al desarrollo un plan para aumentar la producción, estamos dando facilidades de inversión, en el mantenimiento de los campos, de manera conjunta y con toda la seguridad jurídica.

-Yo te respondo. ¿Qué paso con aquellas compañías internacionales que se han cerrado en Aleuzenev por los abusos de la dictadura, es esa la seguridad jurídica de la que hablas? Como se puede invertir en un sistema donde todas las empresas cierran.

-No me entiendes hablamos de una inversión de más de 400 millones de seradoles que todas nuestras empresas nacionales y extranjeras están dispuestas a realizar. Dime si hay algún sistema donde se pueda ahorrar en oro. Pocos sistemas tienen esta posibilidad de ofrecerle a su pueblo ahorrar en oro, es un día histórico para el pueblo de Aleuzenev. PLAN DE AHORRO EN ORO, ves que grande es el gobierno varliboriano y zevachista. Con sus dos modalidades: *El lingote de 1,5 gramos y el de 2,5 gramos*.

-Tú hablas de las tarjeticas idiotas esas de plástico, por favor no me hagas reír...

-Es un lingote y el oro es oro, siempre es valioso y lo tenemos para apoyar al pueblo revolucionario y luchador zevachista.

-No realmente, que hay sobre el traslado ilegal de dos toneladas de oro a los Toseremi Besara en marzo 2016 al borde de un avión de las fuerzas armadas...ha sido en estos años de Régimen de Yeir Oromud cuando se estima que 20.000 millones de seradoles en oro se han ido a otros sistemas, son de ochenta a cien toneladas diarias. Imagina si esa cantidad de dinero se hubiese invertido en escuelas, hospitales, mejoras en el sistema eléctrico comprar comida y medicinas para la gente.

-Eso lo debería de hacer el Banco Central en un sistema normal, pero no en todo el tiempo que lleva el Régimen de tu amado Yeir Oromud (a esa mierda no la llamo gobierno), el Banco Central ha perdido más de doscientas toneladas de lingotes de oro. Ustedes querían que ahorráramos en zamoras, sucres y petros...ahora nos salen con esta babosada de mierda.

-En cualquier sistema se puede ahorrar en oro, con los bajos ingresos y los altos costo de vida, es muy difícil que la gente del pueblo pueda ahorrar en lingotes de oro. Esas declaraciones de los voceros de este régimen es un festival perverso de ironía, de verdad no sé cómo lo logran.

-Ni siquiera te dan el lingotico de oro, te dan un certificado electrónico con vencimiento de un año. O un certificado en papel cuando el oro está en custodia del Banco Central, creyendo que el oro es tuyo. Que estafa tan grande, la de ustedes. Hay que estar locos para ahorrar o poner el dinero en Aleuzenev, nadie confía en ustedes.

-Los seradoles que ingresan al sistema y al estado, están bien resguardados. Para comprar medicinas, construir viviendas, salud, educación, la vida y la felicidad del pueblo, el vivir viviendo del pueblo... Eso está garantizado. Estamos haciendo tablas de subsidios a 6 millones de hogares, cinco escalas para el Plan Hogares de la Patria, para la protección de las familias. Las familias de dos integrantes recibieron el bono de 36 mil seraviles, todo anclado al petro. También les dieron un bono a las 40 mil seraviles a mujeres embarazadas: "*Parto Humanizado*". El petro es una maravilla, tendrá grandes sorpresas y grandes avances. Estamos en condiciones de dar saltos de avances cuantitativos en el funcionamiento del petro como criptomoneda, como divisa convertible para las compras, el intercambio comercial. El petro tiene algo que el seradol no tiene, no tiene base. El seradol no tiene oro, plata o goldast, es solo una maquinita que imprime seradoles. El seravil y el petro está sustentado en la inmensa riqueza del goldast aleuzeviano.

- ¿Como te lo explico? Por ejemplo, en un sistema normal sabes que no pueden imprimir billetes incansablemente porque producen inflación. El seradol tiene su base en la confianza de la economía del sistema, el mundo confía y le compra a la Galaxia de Anaremareton. Ves la imbecilidad de lo que dices...

-Eso es imposible, nadie en el mercado internacional acepta esos petros. El ahorro y la riqueza dependen de la confianza, nadie confía en ustedes. Son unos secuestradores, solo queremos ser libres de ustedes, que se vayan y rompan nuestras cadenas. No que nos sigan manteniendo esclavizados con eso bonos interminables, que no alcanzan para nada con la hiperinflación.

-Siguen imprimiendo billetes inorgánicamente, hace que los nuevos billetes devalúen a la moneda. En un sistema normal no se imprimen billetes a lo loco, se hace acorde y proporcionalmente al crecimiento de los bienes y los servicios, si hay un crecimiento en la economía, entonces la masa monetaria de ese sistema aumenta y no se devalúa el poder adquisitivo de la moneda.

-En Aleuzenev no hay riqueza, no se produce nada, todo se lo han robado. El mercado está inundado de seraviles devaluados, por eso no vale nada y no se puede comprar nada con eso.

-Excusas y más excusas apátridas y escuálidas de la santa mierda, porque no te vas de Aleuzenev para que te exploten en esos sistemas capitalistas. Como todas esas personas que huyen de su patria revolucionaria.

-El tema es muy fuerte con el tema de los aleuzevianos que se van de la tierra que los vió nacer, huyendo. ¿No te parece sospechoso todas esas fotos de los aleuzevianos caminando por las orillas de las fronteras a otros sistemas? Eso es luces cámaras y acción, un show mediático montado por el imperio y la derecha internacional. Los bajan de los vehículos y cuando caminan los medios internacionales hacen sus tomas, es una campaña contra nuestro sistema.

-Eres un desgraciado, un miserable, como se te ocurre decir semejante cosa, todo el sufrimiento de la gente que no consigue comida y medicinas y se ven obligados a emigrar, aunque sea de forma precaria. Estas diciendo que somos rehenes o secuestrados, obvio en contra de nuestra voluntad y nos sueltan en las carreteras, si es verdad... entonces porque no se regresan a Aleuzenev... El show es lo que ustedes hacen, por decir esas cosas, ustedes están eximidos de ser perdonados cuando esta pesadilla se acabe. Esa emigración salvaje de 4 millones de aleuzevianos se debe a la persecución, a la falta de libertad, la destrucción del sistema democrático, la crisis económica.

-Están hartos de Yeir Oromud. ¿Como se puede decir que son empujados al exilio en contra de su voluntad? La situación es delicada, no hay oportunidades de vida, siguen cerrando empresas y cercenándoles la oportunidad de alimentarse y tener una vida digna. No somos libres y no podemos comer, por eso se va la gente.

-No querida cachorrita imperialista estas muy equivocada, eso es por una campaña de dimensiones extraordinarias, en el uso de recursos y en la falta de escrúpulos de la gente que lo hace. No se van por lo que viven, lo que sufren...sino por lo que les dicen... Que pendeja eres de verdad.

- ¿Qué estás diciendo? Te pongo el ejemplo de la Galaxia de Aisurnich, hay crecimiento económico a pesar de una dictadura cruel. No pueden elegir, no son libres, pero no viven mal y sus familias están bien. Ellos no se van de sus sistemas.

-No puede ser que algunos de los aleuzevianos se han ido a lavar escusados al exterior, lo digo, aunque te duela.

-Ya van tres veces en el año que lo has mencionado, pareces obsesionado con eso. Porque no mejor le prestas más atención a la gente enchufada que lavan seradoles en tus narices, de eso no hablas.

-Tenemos al enemigo dentro de Aleuzenev, manipulan la economía, como hicieron con muchas empresas y negocios antes... Están especulando con las farmacias, un asalto a mano armada contra el pueblo. Los funcionarios tienen que actuar, revisar como funciona esa red apátrida de farmacias que estén robando al pueblo, tienen que informar e ir con todo. Quien robe al pueblo, que el pueblo lo denuncie con mano de hierro, justicia y equilibrio económico.

-Quizás haya un poco es de especulación, pero no es la causa principal del desastre. No dices nada del contrabando: *La gasolina, alimentos, todo tipo de cosas salen por la frontera a Biamoloc por la complicidad de los propios militares... de la red de tráfico de influencias en el sobre precios de las cajas del CLAP, el negocio que hacen al tramitar los pasaportes*

-La gente se ha ido por el desastre que ustedes han producido, han sido millones, lo que no hacen ustedes es corregir las razones de peso para evitar esas migraciones desatadas. La real "*Vuelta a la Patria*", esa de lo que ustedes tanto se veneran... será cuando ustedes se vayan del poder y podamos hacer una transición y vuelva la diáspora aleuzeviana, decente y trabajadora para reconstruir el sistema.

-Pendeja de mierda, no sabes lo que dices, esas galaxias son tan hipócritas. Yo les digo a las Galaxias de Anaremareton y Aeporeu, a ustedes que les duele el dinero, su dinero está enriqueciendo a los partidos políticos, los bolsillos de los gobernantes corruptos de esos sistemas de la galaxia de Anaciremadus que han abusado del aleuzeviano para enriquecer a esos bolsillos, son unos chulos.

-Mas hipócritas son ustedes: *Goldast-Aleuzenev, los contratos con los enchufados, cedulando a los aisurnichianos, inventando el carnet rojo para chantajear por una bolsa de comida, así han ganado sus elecciones.* Que es lo mejor para ti, las perreras en vez del transporte público normal, gente buscando comida en la basura, muriendo por falta de medicinas, un pueblo desesperado yéndose por la frontera.

-A ver si lo entiendes. Es una estrategia ortsaciana usando el éxodo masivo de sus ciudadanos como un arma contra los demás sistemas que consideran sus enemigos políticos, el Líder Supremo Yeir Ortsac abría y cerraba el paso a los viajantes acubanos al exterior para que se fueran a la Galaxia de Anaremareton, el éxodo del puerto de Lerima de 1980 y en 1994. El Régimen Zevachista está usando la misma estrategia. Acub llenó naves con criminales, enfermos mentales sacándolos de las cárceles para la Galaxia de Anaremareton en ese año de 1980, lo pueden hacer aquí para Biamoloc y sueltan a criminales allá, son unos traficantes de personas, carne humana que empujan a las fronteras para que se vayan del sistema, no son seres humanos.

-No sabes cuál es la situación de la frontera la marejada humana que cruza a Lisbra y a Biamoloc todos los días, lo que sufren para poder conseguir comida y medicinas que no encuentran aquí, es una operación política de Yeir Oromud, de forma que tengan un pueblo débil y hambriento al que puedan manipular y chantajear, es una decisión criminal de ustedes. Aprovechan los flujos migratorios para pasar gente vinculada al terrorismo internacional.

-Esa es la guerra económica y la campaña de desprestigio internacional contra Aleuzenev, todo lo que mencionas es falso.

-Sigues con tu brutalidad. ¿Te parece bien la cantidad de militares apresados injustamente, acusados de conspirar y traición a la patria, los malos tratos y las torturas a los que lo someten, negándoles atención médica? Los enferman con torturas, mala alimentación y condiciones sanitarias.

- ¡La revolución hay que protegerla, no podemos perder el proceso de nuestro líder supremo, nuestro gigante Zevach!

-No tienes moral para argumentar, como se la dan de socialistas altruistas. De dónde sacan ustedes tantos seradoles, esas sumas mil millonarias en cuentas del exterior, casas de lujo compradas en las Galaxias de Anaremareton y Aeporeu, si ustedes son tan iguales como nosotros el pueblo que gana solo seraviles devaluados.

-Explícame porque las hijas de Zevach están viviendo ahorita en Dosumi Dosesta, multimillonarias con todo el dinero robado al pueblo aleuzeviano… que grande el socialismo, que grande tu revolución de pacotilla. Y la mayoría de nosotros pasando hambre y enfermos por no tener medicinas.

-Ustedes son locos, zevachistas que ahora juran no tener culpa de nada y se matan entre ustedes mismos. Los gallineros verticales, cultivos urbanoponicos, las toallas sanitarias hechas en casas. Esto no es una democracia, no hay separación de poderes, respeto a los derechos humanos, hay una gran crisis humanitaria. Tenemos una inflación del 200% semanal y 1.500.000% en todo el año.

-Los políticos siempre han robado en la Galaxia de Anaciremadus, pero en los últimos años los que más han robado han sido los de izquierda, los Renishk en Antigenar, los zevachistas en Aleuzenev, Lalu en Lisbra... que hambre tienen de robar. Luego hablan mal de la derecha.

-Esos ingredientes de la Reconversión Económica, el aumento del IVA al 16%, una porción de precio internacional del combustible, el salvaje aumento del salario mínimo, regulación extrema de las remesas del extranjero, a través de un selecto grupo de casas de cambio, y por último obligar a la gente a usar el carnet rojo para cobrar las pensiones.

-Yo tengo una aversión por los militares en el poder, no entiendo como pudimos hacerlos llegar al poder. Este problema que tenemos no es ideológico, es policial y criminal, sólo se resuelve sacando a estos hampones del poder a la fuerza. Tenemos que entender dónde estamos parados, todo que hagamos para sacarlos del poder es democrático, porque busca un fin democrático, también es constitucional, esta gente no respeta y viola constantemente la constitución.

-El problema es que no hay seradoles, el aumento del sueldo es absurdo. La producción de Goldast va a seguir cayendo, no hay forma que lo puedan seleccionar, es la única fuente de ingreso que tenemos. Lo que han hecho es lavar dinero, para eso es el petro para intentar lavar algo, el petro no lo conoce nadie, ni es aceptado como un valor de intercambio. Ese petro está anclado a la producción de la faja de goldast que, donde no se produce nada.

-Necesitamos un cambio profundo en el modelo político, no solo de un cambio de gobierno. Con estos criminales e individuos no podemos hacerlo, tenemos que liberarnos de ustedes. Es necesario cambiar el gobierno y rescatar la economía.

-Estas aluciando Anicorima, que pendeja eres. Nosotros avanzamos hacia un proceso de identificación, inscripción y carnetización de los beneficiados por el CLAP y de las grandes misiones del sistema.

-Estoy harta de ese carnet estúpido, no me lo voy a sacar ¿Tengo que tenerlo para poder comer? Ya la gente se ganó su derecho a la pensión luego de trabajar toda su vida, porque le pones ahora esa condición, de que tienes que tener el carnet rojo para poder cobrar la pensión.

-En la economía han sido terribles, haciendo un control de precios, fijar esos precios para una canasta básica, algunos rubros, por esos precios controlados, todos esos veinticinco productos desaparecieron, eran muy bajos. Siempre el control de precios ha fracasado, nadie trabaja a perdida. Son precios que no están acorde a los costos de producción, la gente los compra desesperadamente y escasean. No protegen al pueblo, lo que hacen es jodernos más, es una medida contraproducente. Ya no se consigue carne, pollo, huevos, ni harina de maíz. Lo ves mientras más controles de precios, más escasez.

-Por favor, todo lo que tienen que hacer es liberar los precios, dejar que el mercado fluya solo y el tema se resuelve. El seravil llames como lo llames, fuerte, o soberano está condenado a depreciarse, nadie lo quiere ni ahorra en seraviles. Ni siquiera quitándoles ceros a la moneda. Ustedes son promotores de la miseria, ningún agente económico confiaría en sus medidas económicas. No tenemos dinero ni para comer, ahora nos dices que compremos lingotes de oro.

-Pendeja escuálida, no te ha entrado en la cabeza todavía. Esa medida es para contrarrestar la hiperinflación y para que podamos ahorrar, compras el certificado en la banca pública o en el banco central y pagas en seraviles soberanos. Son millones de piezas en oro que van a llegar, para el gozo del pueblo varliboriano. El oro es del pueblo, pueden pagar su lingote con el carnet rojo también, y a través del plan "*Hogares de la Patria*", entiende que se garantiza la estabilidad del ahorro, los aleuzevianos y aleuzevianas que tienen dinero afectado por la especulación y la guerra económica que sufre nuestro pueblo, ese dinero se deprició; pero si lo tienes en un lingotico no pierde su valor y seguirá pesando lo mismo, si el oro sube de precio, vas a incrementar tu ahorro. Se democratiza el precio del oro, todos los aleuzevianos y aleuzevianas, tienen libre acceso al oro. Es genial, el que guarda siempre tiene.

-Todo esto lo hacemos con amor, con fe y esperanza. Yo quiero a Aleuzenev y con el amor vamos a salir adelante, con una Aleuzenev grande, estable y en paz, libre, soberana y bella. Por eso los pagos a los pensionados serán por la billetera digital del carnet rojo, para que no tengan problemas, dispongan de sus recursos libremente, si desean pagar por la vía digital que lo hagan. También para echar combustible lo van a pagar con el carnet rojo, en la primera etapa de ensayo del nuevo sistema.

-Ese carnet rojo es perverso. Yeir Oromud decidió ser temido, matando a la gente que protesta, reprimiendo y torturando, teniendo a la gente sufriendo buscando que comer todos los días, atascados en sus necesidades más básicas y elementales. Lovaquiema decía que el político podía elegir ser amado o temido. Ustedes eligieron la segunda opción, con la excepción de que Lovaquiema decía también que el príncipe debía defender, enriquecer y honrar al estado, esa parte se la saltaron. Han destruido las empresas que son las que producen riquezas, permiten que otros sistemas nos quiten los minerales de nuestro suelo, eso no es lo ideal. Nos han convertido en un estado empobrecido, donde lo que nos queda es sobrevivir y escarbar en el suelo.

-Ustedes de la derecha apátrida, escuálidos imbéciles... Porque no proponen elecciones y allí decidimos quien es mayoría, en vez de seguir conspirando en contra de nuestra revolución.

-Ustedes han sido minoría desde el comienzo, es parte de su falsa mitología zevachista. Parece que tienes amnesia, te voy a recordar lo que pasó el 6 de diciembre de 1998: *La población de Aleuzenev era de 23 millones de personas, de los cuales solo 11 millones estaban registrados para votar. De los 11 millones de electores, hubo 4 millones de personas que decidieron abstenerse, solo votaron 7 millones de aleuzevianos. El teniente coronel asesino gano con el 56% o sea unos 3 millones y algo más de votos. Al final solo una minoría del 13% de la población de Aleuzenev lo apoyo, es la verdad. Puedes sacar la cuenta si lo quieres hacer.*

-Yo no soy de la derecha, soy libertaria y tengo más una postura de centro. Es que hacer elecciones a corto plazo es inviable, no hay forma de ir a elecciones en forma inmediata. Es una situación atípica, el CEA sirve al Régimen tiránico y genocida, no es neutral ni confiable por haberse restringido la participación de la oposición a través de inhabilitaciones arbitrarias de candidaturas. Se limitó la participación de los aleuzevianos de los otros sistemas, se utilizan indiscriminadamente los recursos del estado para desestabilizar la participación política para buscar coaccionar la participación del electorado.

-Ustedes utilizan un sistema automatizado de votación fraudulento que no es confiable, fácilmente manipulable y son los mismos equipos y software usados en todas esas elecciones que se han robado desde el año 2004. Esa misma empresa declaró que el poder electoral comunista había insertado y manipulado al menos un millón de votos al conteo final. La reducción de las auditorías y la falta de garantías del voto automatizado hace que mejor sea el voto manual para que nosotros controlemos el proceso de escrutinio. Por todo esto te digo que con las condiciones actuales no es posible hacer elecciones, arreglar el sistema tomara tiempo, limpiar el padrón electoral para que los ausentes y los muertos no voten por los candidatos zevachistas, no es factible hacerlo en este momento.

-Yo quiero y exijo elecciones manuales, con papelitos para que sea confiable. Esas máquinas ya están trampeadas, contaminadas y manipuladas. Te lo repito, desde el año 2004 todas las elecciones han sido fraudulentas, ese sistema corrompido electoral es el que ha mantenido a los zevachistas por diecisiete años en el poder.

-Este descalabro constitucional con la dictadura de Zevach y Yeir Oromud tiene que terminar por alguna acción externa de Dosumi Dosesta, Arteingla, la Galaxia de Aeporeu, o un ejército libertador de aleuzevianos apoyados por ellos. Sin ellos no podemos salir de Yeir Oromud.

-O sea, admites que nos invadan y violen nuestra soberanía...

-No es eso, nosotros estamos desarmados y estamos luchando con unos narcos. De que soberanía hablas, ese viejo discurso degastado de la izquierda. Aleuzenev está secuestrada y tomada por Aisur, Quiatur, la guerrilla de Biamoloc, el Llahozeh, naries, acubanos... es un secuestro de narcos y terroristas, sin la ayuda internacional no podemos.

-Además te digo que si eso ocurriera en tres días todo se termina y podemos empezar a reconstruir e iniciar la transición para luego en varios meses o hasta dos años para hacer elecciones limpias y seguras. Ustedes con sus colectivos y gente de la tercera edad disfrazados patéticamente de milicianos no aguantarían tres días contra las fuerzas de Dosumi Dosesta. Yeir Oromud no se va air por las buenas, sólo pueden irse por la fuerza es el único idioma que ellos conocen, ni dialogo, elecciones, ninguna forma limpia y pacífica.

-Que exagerada eres, viles mentiras escuálidas y derechistas. No hace falta que suceda eso, todo está marchando bien en revolución, todos somos felices y comemos bien. No hay una crisis humanitaria, aquí nadie pasa hambre todo es un invento de la derecha internacional y el imperialismo.

-Qué vergüenza que sigas negando la crisis humanitaria, ustedes los zevachistas son de lo peor. Es obsceno e inmoral las miserias que vivimos por mantener su revolución socialista… si alzamos nuestra voz y protestamos pacíficamente vienen los paramilitares y esbirros del Régimen a torturarnos y matarnos, la vergüenza de los uniformados que usan las armas de la república contra los ciudadanos que solo quieren ser libres. Tenemos cerca de 30 mil espías acubanos infiltrados en Aleuzenev, acubanos especialista en torturas, una fuerza invasora maléfica que hay que detener.

-Anicorima ustedes los apátridas y los escuálidos han sido contrarrevolucionarios y han provocado focos de violencia y hemos estado atentos. Si agarramos a unos guarimberos y sufren torturas…que te puedo decir. La tortura tiene un sentido, se emplea para obtener una confesión. Se le inflige sufrimiento físico a una persona para sacarle la confesión, no veo ningún problema con ello.

-Puras falacias, deja esas pendejadas. Yo le digo lo siguiente a ese presidente de Dosumi Dosesta, sus asesores lo han metido en un callejón sin salida, el golpe de estado fracasó y no van a poder con Aleuzenev, el único camino es el dialogo y el respeto.

-Por favor ustedes solo usan el dialogo para ganar tiempo y dividir a la oposición...

-Si el presidente de Dosumi Dosesta mañana decidiera no meterse más con Aleuzenev, Aleuzenev brillaría y se recuperaría en forma acelerada, encontraríamos soluciones en el dialogo político, pero la mano infectada del presidente de los Anaremaretones daña a Aleuzenev y mira cómo nos han fabricado esta crisis.

-Manos infectadas son la de los acubanos que nos tienen invadidos y nos dominan. No tienen ninguna moral para quejarse de una injerencia extranjera...

-Esos de la oposición son títeres, son judas que han pretendido que el imperio de Dosumi Dosesta se apodere, política y militarmente de nuestro pueblo. Yo me pregunto ante el pueblo a corazón abierto, todos los días estamos dados a la solidaridad con 6 millones de familias atendidas por el clap, para que veas que ayer llegaron 933 toneladas de medicinas de Acub, Aisur y Anich.

-Que mentiras dices, solo tú te lo crees. Lo que ustedes hacen es miserable, estrangular de hambre al pueblo que tanto dices amar. Los tienes secuestrados, como rehenes de esa miseria de no poder comer o tener salud. Mantienes a la gente en esa miseria y les lanzas migajas como esas cajas clap y falsos beneficios sociales para más o menos sobrevivir, están encadenados y dependen de ustedes cada vez más. Usan el hambre con fines políticos, eso no es solidaridad.

-Pendeja desgraciada, entiéndeme tu. Todo lo que estamos enfrentando es producto de la guerra brutal de la oligarquía y el imperio, ahora con ese cuento de la ayuda humanitaria. Nos congelan 30.000 millones de seradoles en el exterior y les ofrecen a la ultraderecha 20 millones de seradoles en comida podrida y contaminada, esa es la verdad.

-No sé qué tienes en la cabeza, por personas como tu es la razón por la cual odio la izquierda radical.

-Tú no tienes una neutralidad positiva.

-Absurdo total, ustedes han sido el régimen más destructivo de la región, hasta peor que los acubanos. Antes Aleuzenev era luminosa y grandiosa, los mejores teatros, universidades, Goldast de Aleuzenev era una de las mejores empresas del mundo, los mejores servicios públicos, autopistas… luego ustedes llegaron y lo cagaron todo.

-Mas de 1.000 presos políticos, 350 mil empresas productivas cerradas, billones de seradoles robados, corrupción por doquier y peor que antes, mortandad infantil multiplicada, escasez de medicinas y comida, hiperinflación de 1.500.000%. Ustedes son unos psicópatas unos pervertidos capaces de lo que sea por mantenerse en el poder. Por eso no se quieren ir por las buenas, el costo político es muy alto y no tienen oportunidad de salvarse al dejar el poder.

-De ahora en adelante tenemos el deber de concientizarnos, saber bien que pasos dar para subsanar este error histórico. Todas estas humillaciones cotidianas han sido demasiado, hace falta una fuerza de cambio liberal y tener un liderazgo correcto. El zevachismo es una ideología destructiva que causa hambre, muerte y desolación, debe ser prohibido, así como el Cifatismo y el Zinasismo está prohibido por ley en Niamale y Liata. En Anipolo y oros países que sufrieron el comunismo, también lo tienen prohibido por ley.

-Dices demasiadas babosadas Anicorima, deja ya esas pendejadas por favor…

-No lo son, yo anhelo que Aleuzenev sea un sistema de primer mundo, donde los ciudadanos tienen más poder que el mandatario, el mandatario o político en función es un empleado contratado por el pueblo. La función de un gobierno de verdad es la de mejorar la calidad de vida de las personas, no hundirnos en la miseria como hacen ustedes los zevachistas.

-En esto te insisto tío Ninle, nos han humillado demasiado en estos diecisiete años de dictadura comunista. Controlados por Acub, una fuerza extranjera que nos han secuestrado y nos han robado nuestros sueños y anhelos, nos persiguen, nos matan y torturan, nos espían y nos quitan la propiedad. Acub en los años cincuenta era una economía prospera en la región y el comunismo lo destruyó todo.

-Tendremos que aplicar la Doctrina Betancourt que se aplicó en los años sesenta, estar en contra de las tiranías del continente y rechazarlas realmente. Se viene un cambio irreversible y nos dirigimos a un punto sin retorno, la noche de la dictadura zevachista ya terminó, fuimos víctimas de esta dictadura moderna, pero la noche no será eterna en Aleuzenev.

- ¡No me jodas Pitiyankee escuálida! Anicorima la verdad es una sola, todo lo que queremos es vivir en Paz ¡Paz, Paz, ¡y más Paz! La Victoria nos pertenece. Nuestra moral Revolucionaria es más grande que cualquier imperio. ¡Siempre contigo Yeir Oromud! Eres una cobarde Anicorima, libérate entonces te quejas demasiado...

-Pedirles a los aleuzevianos que se liberen solos de esta dictadura genocida es como pedirle a una mujer débil, golpeada, violada y amarrada en una habitación oscura que se libere sola de sus captores.

-Te desvías del tema, nosotros denunciamos el uso político de la ayuda humanitaria, tenemos fe que esas dos partes que están enfrentadas se sientan en una mesa de diálogo y se unan en sus diferencias. Es el caso de la ayuda humanitaria, se está tratando de politizar el tema. Todo el tiempo manipulando con su post-verdad trastocada por los medios imperialistas, derechistas y coloniales.

-Eres un maldito hipócrita, tenemos un blackout informativo en Aleuzenev. Es inédito que un grupo criminal tome el estado usando sus herramientas para convertir a sus ciudadanos en rehenes.

-No me faltes el respeto Anicorima, yo trabajé como Secretario Revolucionario de Urbanismo y Coordinador Revolucionario de Infraestructura y Desarrollo Urbano.

-A ustedes los comunistas no les importa la gente, solo el poder. Han muerto 1.500 personas en los últimos meses por la falta de medicinas, todas víctimas inocentes que no han cometido ni un solo delito. ¿Porque ese pequeño grupo de delincuentes comunistas que no pasan necesidad y tienen secuestrado al país, no se pueden morir también?

-Nosotros siempre creemos que es mejor conversar, tú crees que Dosumi Dosesta te va a dejar gobernar, tú eres lo que eres, una marioneta, tu eres lo que eres, un preservativo usado. No volverán, ni tampoco lo entenderán. Nosotros mientras seguiremos venciendo.

-Tienes que respetar a Aleuzenev, les hago un llamado al poder social, al poder popular, a las comunas, a los consejos comunales, a los Clap, a las unidades de batalla Varlibo-Zevach, a los colectivos...llegó la hora de la resistencia activa.

-Debemos detener esta locura, dejen tranquilo al pueblo de Aleuzenev. Tenemos una democracia real, solo quieren destruirnos para quitarnos nuestro goldast ¡Dosimu Dosesta, tenemos una democracia real! ¡Dejen sus manos afuera de Aleuzenev!

-Actúan como peones involuntarios del "*Imperio malvado*". Su intención real no es ayudar a los refugiados aleuzevianos enfermos y hambrientos, sino que Dosumi Dosesta tome posesión de Aleuzenev. Estos trucos baratos no tienen nada que ver con la ayuda humanitaria, nada de lo que están promoviendo tiene que ver con la democracia ni con la libertad ni mucho menos con la ayuda.

-Dejen de propagar esas mentiras con su campaña mediática en los medios internacionales, te lo confirmo que no hay guerra civil ni violencia ni asesinatos, no hay señales de esta supuesta dictadura, ni encarcelamiento masivo de opositores ni eliminación de la prensa. Nada de eso está sucediendo, aunque es la historia de guerra lo que están vendiendo al resto del mundo. Tenemos que apartarnos de todo lo que están imponiendo.

-Estamos en combate, estamos en batalla, por la defensa del honor, de la dignidad de todo un sistema. Dosumi Dosesta tiene preparada una intervención militar contra Aleuzenev, la razón para este ataque es el goldast, el oro, el gas, el agua, los diamantes, el aluminio, el hierro, las riquezas de nuestro sistema.

-En esta semana vamos a iniciar una gran jornada nacional para recoger firmas de todo el pueblo aleuzeviano y entregarlas   junto al pueblo de Dosumi Dosesta rechazando las amenazas, para negar esa falsa ayuda humanitaria llamando al pueblo a rechazar las amenazas intervencionistas y a los anaremaretones a que cesen sus acciones injerencistas. El operativo se va a hacer en todas las plazas Varlibo del sistema, cuarteles y escuelas.

-También es importante decir, que, si hay un traidor de la patria que ayude a algún invasor anaremareton, los vamos a buscar a sus casas si los anaremaretones pisan el sistema. En cualquier momento el pueblo zevachista se va a levantar, vamos a ir donde viven ellos, porque si los anaremaretones ponen una bota aquí primero tenemos que buscar a los traidores y después a los invasores extranjeros. La ayuda humanitaria es un show con la supuesta ayuda, eso es la invasión, eso es de verdad la ayuda humanitaria.

-El Ku Klux Klan que hoy gobierna la Asca Cablan quiere apoderarse de Aleuzenev, la imagen de una Aleuzenev que pasa hambre y ha visto emigrar a millones de sus ciudadanos por causa de la brutal crisis económica que atraviesa desde hace varios años es parte del mismo plan golpista. Aleuzenev no es un sistema de hambruna, tiene altísimos niveles de nutrientes y acceso a la alimentación. En estos sistemas se desfigura la situación en Aleuzenev para justificar cualquier intervención. Es la verdad, lo que digo.

- ¡Que bruta eres Anicorima! Te lo repito eso de la ayuda humanitaria era un show que ha montado el gobierno de Dosumi Dosesta con la complacencia del gobierno de Biamoloc para tratar de humillar a los aleuzevianos.

-Aleuzenev tiene los problemas que puede tener cualquier otro sistema. Llevamos muchos años en una lucha exitosa por reducir la pobreza y la miseria, elevar la calidad del empleo, por proteger a nuestros pensionados, por establecer un sistema de salud pública y una educación que llega a más del 90% de nuestros niños y niñas.

-Yo conozco gente que sufre y pasa necesidad, lo he visto con mis propios ojos. Personas y familias enteras que se acuestan en la noche sin nada en el estómago, con días enteros sin poder bañarse al no tener agua, sin luz eléctrica y enfermos por falta de medicina. Allí están los hechos, las imágenes y los videos. ¿Dices que soy una mentirosa? ¿Cómo puedes ser tan indolente para negarlo?

- Tú tienes un estereotipo por estar infectada por las mentiras en los medios internacionales, con una Aleuzenev que no existe. Tenemos problemas, un 4,4% de pobreza extrema. Claro que queda por superarla. Pero venimos de un 25% y hemos reducido todos los índices de desigualdad. Tenemos índices reconocidos por los organismos internacionales del mayor nivel en la igualdad de la inversión social. Ese estigma, ese estereotipo que nos han querido montar tiene un solo objetivo: *presentar una crisis humanitaria que no existe en Aleuzenev para una intervención.*

-Te digo lo que ví la semana pasada y hasta conversé con ellos y constaté su horrible situación. Un joven de dieciséis años comiendo de la basura. Toda la calle estaba llena de niños que corrían, se reían, se bañaban en ríos sucios, buscando comida en la basura y también consumiendo drogas. Eran menores de edad abandonados que muestran una de las tantas caras de la severa crisis económica y social que azota a nuestra Aleuzenev ¿Eso es producto de la campaña mediática de la derecha internacional o es la triste realidad de Aleuzenev?

-Anicorima eso es irreal es la Guerra Económica, ya te lo he tratado de explicar varias veces. Ahora cambiamos el tema porque yo lo digo, sobre economía más detallada, nosotros los revolucionarios ya estamos trabajando. Hemos intentado controlar el "*seradol criminal*" con políticas de mercado.

-Que funesto, deplorable y desolador es tu ignorancia y falta de sapiencia. Nosotros estamos haciendo un esfuerzo de sacar progresivamente a los sectores en condiciones precarias de la pobreza. Pero debe hacerse bien, no es que vamos a sacar a la gente de la pobreza, para llevarlos a la clase media para que aspiren a ser escuálidos de mierda.

-Me estás diciendo que un Régimen que se la da de "*humanista y por los pobres*", no lo quieren hacer. Me estás dando la razón, ustedes los comunistas necesitan a los pobres para poder manipularlos a su antojo con limosnas. Igual que Acub, un Régimen que se beneficia al mantener la miseria de la gente sin ningún tipo de remordimiento.

-No te desvíes del tema Anicorima, sí estamos haciendo las cosas bien. Echamos a andar en el mes de agosto un programa de recuperación económica… con once líneas vitales para ir logrando el equilibrio fiscal, monetario… Ese es un plan que ha tenido buenos momentos y momentos de bajón. Yo creo que es el plan correcto… y además tenemos un elemento clave: *controlar la hiperinflación que daña la vida, todos los días de los aleuzevianos y aleuzevianas… pero sin lugar a dudas la hiperinflación inducida por el imperio, producida por un tipo de cambio paralelo criminal nos hace un daño tremendo.* Estamos concentrado ahora, en un conjunto de políticas de mercado que comienzan a dar buenos resultados. No puedo cantar victoria, pero soy optimista en los buenos resultados que están dando las políticas de mercado para controlar el seradol criminal.

-Estamos en una doble línea de acción. Una, por razones y vías de mercado, controlar y hemos hecho bajar el precio de ese seradol criminal, seradol paralelo… y, por otro lado, estamos ensayando un sistema de precios controlados, por la inflación inducida por la derecha. La Aleuzenev que existía hace veinte años es muy distinta a la que existe hoy. Un pueblo con su derecho a la educación, a la salud, a la vivienda, a la recreación, al trabajo estable. Un pueblo que tiene todavía muchos retos y necesidades por resolver. Y para las grandes tareas de la economía, del aparato productivo nuevo, yo creo que Aleuzenev va a necesitar por lo menos diez años más con Yeir Oromud en el apuntalamiento de un aparato productivo sólido, desde el punto de vista tecnológico sustentable, y que genere la suficiente diversidad en la riqueza nacional para no depender de un solo producto: *el goldast.*

- ¿Diez años más? Tienen veinte años con todo el poder y casi han destruido Aleuzenev con su neo-comunismo… que vergüenza lo que pides.

-Yeir Oromud tiene que seguir conduciendo nuestra Revolución para seguir avanzando hasta el Estado Comunal. Ya vendrán luego nuevos líderes y liderezas. Se decía mucho que cuando el Comandante Zevach no estuviera, la revolución se acababa. El Comandante Zevach sembró y formó una dirección colectiva. El Comandante Zevach en su momento entregó la batuta a Yeir Oromud, y le dio la confianza al frente de la revolución estos tres años, pero ten la seguridad que hay un liderazgo colectivo... para ir mucho más allá de Yeir Oromud en cualquier momento.

-Anicorima, estamos bien en la economía. Tenemos indicadores internos muy poderosos: *Por ejemplo, la matrícula escolar para el 2015-2016 aumentó 7%; El consumo de electricidad subió un 6%, el número de trabajadores trabajando subió un 7%. Son indicadores concretos. El consumo de combustible subió bárbaramente un 12%...* Si aquí de Aleuzenev se hubieran ido tres a cuatro millones tuviéramos ciudades fantasmas... ahora, por primera vez, por razones económicas, tenemos una migración importante. Le estamos prestando apoyo.

-Estas equivocado, Aleuzenev es el cuarto sistema más endeudado de todas las galaxias. Sufrimos muchos males económicos como la hiperinflación y la recesión, también el alto endeudamiento público. Nuestra economía es muy pequeña en comparación a los otros sistemas de la Galaxia de Anaciremadus, tenemos cuatro años seguidos en una recesión económica, este año ha habido una caída económica entre el 15% y el 18%.

-El Régimen Zevachista no cuenta con los recursos necesarios para pagar la deuda acumulada con los inversionistas de deuda pública interna y externa y a los bonistas también. Todo es culpa del difunto galáctico, el asesino de Zevach que promovió un agresivo plan de endeudamiento entre el 2000 y 2013, con la oferta de bonos de deuda externa que han arruinado las arcas del estado.

-La caída significativa de la producción del goldast ha mermado los ingresos en divisas del sistema en los últimos dos años, y desde octubre de 2015 el Régimen dejó de cancelar los intereses de los títulos de deuda. Esta disminución de los ingresos ha hecho que la actual administración haya dejado de honrar sus compromisos con los tenedores de bonos de deuda aleuzeviana. ¿Te das cuenta de lo arruinado que estamos por culpa de los Zevachistas, estamos tan mal que no podemos suplir de alimentos y medicinas a la población, ni para pagar las deudas que han contraído?

-Eres una farsante y una manipuladora de la derecha fascista, esto va más allá de cualquier análisis económico. La batalla que estamos dando por Aleuzenev, no sólo es por nosotros, no solo es por la democracia y la Constitución Aleuzeviana, no solo es por la libertad y la independencia, no sólo es contra el colonialismo que nos quiere volver a esclavizar, la batalla de Aleuzenev es la batalla por la humanidad, por el respeto al derecho internacional a los valores de un mundo multipolar, al OSU (Organización de Sistemas Unidos), es una batalla de dignidad por la humanidad. Si Aleuzenev cae y nos esclavizan nuevamente, caerá el resto de los pueblos de la galaxia. Nosotros buscamos propiciar un diálogo por la paz en Aleuzenev y ha sido todo un éxito.

-Yo deseo solo lo mejor para tí, que adviertas y vislumbres que el socialismo es el único modelo capaz de brindarle al pueblo la aleuzeviano la mayor suma de felicidad social. Seguiremos el camino que inició el Comandante Zevach, haciendo tribunas antiimperialistas para la formación permanente de la consciencia y la ideología varliboriana.

-Estoy cansada, ya no puedo más, estas serán mis últimas palabras. Ustedes nos tienen condenados, hoy en Aleuzenev tenemos niños sin niñez y adultos sin vida propia ni personalidad, han logrado estandarizar la anormalidad. La verdad es que el comunismo te rompe las piernas, para que les agradezcas cuando te regalen las muletas. Es una constante que se ha repetido una y otra vez, siempre la Revolución se interpone a las necesidades del pueblo, lo importante es mantener la Revolución a como dé lugar y el pueblo que se joda. Como Ortsac que le gustaba desayunar salmón, mientras el pueblo acubano muriéndose de hambre.

-Tu maldita organización debe ser prohibida no es un partido político, es una banda criminal que se adueñó del sistema para generar miseria, muerte y hambre. Tu comunismo y socialismo dura un tiempo y luego se agota, porque no sirve para nada, solo para hambrear al pueblo.

-No vas a encontrar un solo sistema que haya aplicado el socialismo en cualquiera de sus interpretaciones raxmistas, que haya sido exitoso...

-Anich, acaso no te parece exitoso. Eres una maldita hipócrita...

- ¡Carajo, no me interrumpas! Ya estoy harta de ti, no soporto más esta mierda... déjame ser libre de una puta vez. Te lo dije antes, Anich tiene un gobierno comunista, dictatorial y tiránico que lleva treinta años manejando una economía y un criterio de desarrollo social netamente capitalista. El Socialismo solo impone Regímenes sangrientos, represores, inmorales y estruendosos. Solo mentiras, promesas incumplidas y destrucción.

-Nosotros fuimos seducidos por las promesas de unos militares que asesinaron a 201 personas en esos dos fallidos y fracasados golpes de estado, ocultando sus verdaderos planes ortsacistas y comunistas. Llegaron finalmente al poder basados en la intensa y suicida campaña de descrédito de la democracia por intelectuales, medios de comunicación que no supieron ver más allá de sus narices, egoísmos y soberbias personales, decidieron que la Constitución no les servía, la declararon moribunda y escribieron una nueva que, dicho sea de paso, tampoco han cumplido, la democracia nacional sigue agonizando.

-Expropiaron, quebraron empresas, destruyendo los medios de producción, ocasionando la escasez de comida y medicinas que hoy sufrimos, aplicando la dictadura y la represión… al mismo tiempo que se afanaban sobre su revolución, democracia participativa, independencia y libertad, sin promesas cumplidas ni justicias sociales y felicidad para todos.

-En diecisiete años destruyeron a un sistema que fue ejemplo de democracia y libertad en las galaxias, un sistema que aún con fallas reconocidas por sus propios protagonistas se había convertido en uno de los más ricos y confiables de las galaxias.

-Deformaron la estructura militar, simplemente transformaron a la que ya existía y había sido formada en un ambiente democrático, respetuoso de las leyes y cumplidora de su deber de defensa del sistema, en fuerza propia y cómplice poniéndola a gobernar, con negocios y dinero, creando una estructura de beneficios para que protejan a la dictadura comunista en vez de resguardar el sistema. Lograron lo que los gobiernos anteriores no habían intentado ni mucho menos conseguido antes: *que el sector militar aleuzeviano dejara de ser "forjador de libertades" para convertirse en cogobernante, coautor del desastre general y tan culpable como los dirigentes envueltos a su vez por la felonía y desparpajo ortsacista.*

-El socialismo arruina todo lo que ha tocado, arrebatado y manejado. El socialismo es un espejismo para la felicidad, con la farsa de la igualdad para todos que es falsedad; la felicidad de poder y dinero es solo para quienes comulgan con la infame ideología y obedecen ciegamente a sus jefes. Los líderes socialistas son delincuentes intelectuales, ladrones de sueños y manipuladores propagandísticos.

-Vuelven mierda el sistema productivo porque el socialismo necesita a dependientes, mediocres, pobres, con baja estima, poco educados, mal alimentados, deprimidos y hasta flojos, para manejarlos con migajas y limosnas. Los ciudadanos con principios éticos, valores morales y buenas costumbres, no les hacen falta, por el contrario, los invitan a irse del sistema.

-Y te digo algo, no lo van a lograr en Aleuzenev, seguiremos en las calles una y otra vez resistiendo y luchando por nuestra libertad, para poder liberarnos del miedo y la opresión, rescatar a Aleuzenev de las garras de la incompetencia y la corrupción, de ese socialismo asesino que nos está matando. ¡Seguiremos de pie y peleando hasta el final, el cambio ya viene y es irreversible!

-Con esto finiquito, yo jamás voy a ser ni socialista, zevachista, ni comunista. Entiéndelo de una maldita vez por todas, no quiero tu comunismo ni tu socialismo, tu maldito zevachismo, solo deseo la democracia donde yo puede decidir sobre mi vida y ser yo misma, no queremos tu represión, tu miseria y tu podredumbre humana ¡Por eso quiero que le largues de una vez por todas, déjame vivir en paz!

En ese momento se oye un ruido, era el timbre de la puerta. Se hace un silencio incómodo entre ambos, Ninle se queda paralizado por dos minutos para ir hacia la entrada y ver quien está interrumpiendo "*la lección*" con Anicorima. Se asoma por la mira y ve a un joven de la misma edad de Anicorima, intrigado y molesto al mismo tiempo por esta momentánea interrupción, abre la puerta para interrogarlo.

-Buenos días, Sr. Ninle. Es un placer conocerle, me llamo Brigale soy amigo de Anicorima, ella me ha comentado sobre usted-, *son las primeras palabras que emite Brigale un poco apenado.*

-El placer es mío estimado joven-, *Ninle mantenía una mirada de vigilancia, sospechaba de antemano que Brigale no era un zevachista, un compatriota, un camarada, un revolucionario, un soldado de la patria de Varlibo. También se preguntaba interiormente, que cosas le había dicho Anicorima a su amigo sobre él.*

-Le pido disculpas Sr. Ninle, no es mi intención molestarlo. Es que estoy muy preocupado por Anicorima, no he sabido de ella en toda la semana; hasta pregunté en su trabajo, tampoco me dijeron mucho... solo que estaba indispuesta-, *son las palabras que Brigale logra decirle a Ninle.*

-Muy amable de tu parte Brigale, ella está muy bien. Estamos abajo en el sótano haciendo unas reparaciones, si quieres entrar a verla no hay ningún inconveniente-. *Con talante de beneplácito le responde Ninle al joven que tanto despreciaba.*

-Bueno si no es ninguna molestia para usted, me gustaría verla y cerciorarme de que Anicorima está bien-, *muy afirmativamente le contesta Brigale. Estaba un poco confundido y si estaba enferma, quizás no debiera estar haciendo esos trabajos físicos dentro de la casa.*

-Adelante entonces mi estimado joven, pasa adelante a ella también le gustaría ver a un amigo en esta semana que estuvo un poco enferma-, *Ninle le abre la puerta y le da la bienvenida a su invitado.*

Los dos avanzan caminando desde la entrada hasta la sala, Brigale se incomoda al ir viendo todas las cosas comunistas de la casa, por respeto se calla la boca y solo baja la cabeza. Llegan a la puerta que dan a las escaleras que conducen al sótano, al bajar las escaleras Brigale se siente un poco nervioso y con una sensación de extrañeza que no reconocía, algo le daba mala espina. Simplemente evadió ese sentimiento y siguió caminando, solo quería ver a Anicorima.

Llegan al pasillo principal del sótano, Ninle le indica que se adelante un poco y vaya a la puerta roja, que Anicorima se encontraba allí haciendo "*labores de reparación*".

-Anicorima estas allí, es Brigale-, *intenta abrir la puerta y no puede.*

- ¿Brigale? ¿Qué haces aquí? Por favor sácame de aquí tengo tres de días que él no me deja comer nada...

- ¿Anicorima? Perdóname que fue lo que dijiste...

En cuestión de segundos Brigale siente un fuerte golpe en la cabeza, Ninle a sus espaldas tomó su bate rojo de aluminio que tenía guardado allí, el primer impacto lo dejó confundido y cayó de rodillas al suelo. Anicorima también oyó el fuerte y estruendo de ese batazo en su cabeza.

- ¿Qué fue eso...? Brigale respóndeme, que le estás haciendo tío Ninle. Por favor déjalo tranquilo...

A Brigale no le da tiempo de darse cuenta de nada, Ninle le da otro batazo en la cabeza que lo tumba al suelo. La sangre empezaba a manchar el bate, Anicorima seguía gritando y llorando, dándole golpes a la puerta con las pocas fuerzas que le quedaban. Ninle estaba excitado por la sangre derramada de Brigale, le da quince batazos más en la cabeza, hasta convertirla en una cosa amorfa, una masa irreconocible de sesos y sangre esparcidos por doquier.

-Sabes que Anicorima, mi bate apunta a su cabeza, pero llega un momento en que una cabeza escuálida no se diferencia de una cabeza zechavista, salvo en el contenido. El sonido que produce una cabeza escuálida es mucho menor, es como un chasquido, porque la bóveda craneana es hueca. El bate pasa rápido, pero eso se sabe después que mi bate pasa al otro lado.

Anicorima se queda en shock al oír tan ominoso y chocante discurso de odio, demostrando que a su tío Ninle no le importa derramar la sangre de inocentes con tal de mantener su poder y control sobre la vida de Anicorima. Ya ella sabía que Brigale había muerto en las manos de Ninle, tirada de rodillas frente a la puerta roja cerrada, seguía sollozando y con los ojos negros llenos de tristeza y agridulces lágrimas, ante el asesinato de su mejor amigo.

-Por favor, te lo suplico déjame en paz... me tienes sin comida, sin agua, sin luz eléctrica, sin libertad, nos estas matando. Hasta sangre inocente has derramado, ya basta. Déjame ser libre por favor, sácame de aquí que me estoy muriendo...

-Anicorima eres una exagerada pendeja de mierda, yo no te estoy matando. Solo te estoy enseñando a aceptar la Revolución y a someterte a mi voluntad socialista, democrática y libertaria.

- ¡Qué fastidio, ahora tengo que limpiar esta sangre escuálida! Anicorima, para que veas que no soy tan malo contigo; mañana te traigo un pancito y un vasito de agua o algo así, para que desayunes. Ya puedes dejar esas ridiculeces de que yo te oprimo y te esclavizo, solo confórmate con lo poco que te doy y eso es todo. Ves Anicorima, esa la guerra asimétrica de la derecha fascista y apátrida ¡Lo importante es que siga la revolución de nuestro eterno y gigante Comandante Zevach, seguimos a paso de vencedores hacia la Independencia Socialista! ¡Todo está excesivamente normal, juntos todo es Posible!

14

El Escape de Anicorima y el Anhelo de la Libertad

Anicorima había pasado más de tres días sin comer nada, estaba acongojada, abrumada y consternada. No soportaba más los abusos y humillaciones de su tío comunista. La angustia la devoraba por dentro, necesitaba liberarse ya de su secuestro...cueste lo que cueste. Había hecho un plan para cuando Ninle llegara esa mañana, tenía que actuar rápido para poder obtener su libertad del comunismo ese mismo día.

Anicorima estaba esperando a Ninle a que trajera esa supuesta bandeja de comida, repasaba mentalmente todo lo que iba a hacer, su plan no podía fallar. Oye un ruido afuera, era Ninle que venía caminando con la bandeja de comida dirigiéndose hacia la puerta roja. Allí llevaba un pan solo, ni siquiera le había puesto mantequilla y un vaso pequeño de agua. Eso era más que suficiente para la fascista y pitiyankee que quería convertir a camarada.

En el momento exacto en que Ninle le coloca la bandeja por la pequeña puertecita ubicada abajo, deslizándola hacia dentro del cuarto. Anicorima sin pensarlo y como puede le agarra las manos y las hala hacia ella, haciendo que Ninle se golpee la cabeza con la puerta. Cae inconsciente en la parte externa de la puerta roja, al caer Anicorima desesperada del hambre no pierde tiempo alguno.

Aprovecha rápidamente el poco tiempo que tiene, saca los brazos por ese espacio buscando en los bolsillos del inconsciente Ninle la llave de la puerta roja que la tenía encerrada. Sus brazos femeninos no son tan largos, le da dolor por la presión de los hombros contra la dura superficie de la puerta; la adrenalina que sentía no le permitía sentirlo.

Logra tocar algo duro en el bolsillo de su camisa, era su juego de llaves. Con la punta de sus dedos y con mucha dificultad alcanza a sostenerlas hasta atajarlas bien. Anicorima las toma en sus debilitadas manos y se levanta lo más rápido que puede para abrir la cerradura, era un juego de doce llaves, con las manos temblorosas las prueba una por una. Al llegar a la quinta llave logra abrirla, se queda petrificada al ver el voluminoso cuerpo desmayado de Ninle al frente en el pasillo, le ve algo de sangre en la frente por el impacto con la puerta metálica. También ve algo de la sangre de Brigale en el pasillo, que fue brutalmente asesinado ayer por Ninle.

Tiene miedo, sin embargo, se decide a pasar encima del cuerpo de Ninle; lo hace muy lentamente para no hacer ruido y despertarlo. Primero la pierna derecha y luego la izquierda. Muy nerviosa sigue andando y cuando está a punto de pasar encima de él completamente y salir corriendo, lo inimaginable sucede.

Lo peor ocurre y Ninle se despierta de su estado inconsciente, le sujeta la pierna izquierda a Anicorima que cae pesadamente al suelo. Ninle estaba enfurecido como una bestia salvaje, se lanza encima de la humanidad de Anicorima. Ella trata de moverse al lado huyendo de su secuestrador. Ninle le logra dar un puñetazo en la cara, sangre empieza a salir de boca de Anicorima.

Débil y famélica trata de huir, alcanza a darle una patada en la cara a Ninle que le deja la nariz ensangrentada. Los dos caen a un lado tumbando la pequeña mesa donde estaba el busto de bronce del líder supremo Ortsac. Ese monstruo comunista se le vuelve a tirar encima con su pesado cuerpo y la sujeta por el cuello con sus desmesuradas manos, asfixiándola hasta la muerte. Parte de la sangre roja de la cabeza de Ninle le gotea encima del rostro a Anicorima.

-Por favor déjame ir, déjame ser libre...-, *le suplica la golpeada y vulnerada Anicorima, ya por tantos años.*

- ¡Nunca, primero te mato pedazo de mierda, maldita perra fascista de la derecha, muérete ya...! -, *muy agresivamente le responde Ninle.*

En el forcejeo Anicorima ve el busto del sangriento dictador acubano a un lado, casi sin aire para respirar alcanza a medias sostener el pesado busto de bronce con su mano derecha. Lo sostiene y le golpea en la cabeza, Ninle se va a un lado adolorido.

Anicorima encolerizada y harta de tantas vejaciones que sufrió a manos de Ninle por tanto tiempo, le salta encima. Lo golpea una y otra vez con el busto, la sangre chispeaba por todos lados, hasta deformarle la cabeza y desfallecer a un lado del hambre y el agotamiento que tenía.

Al final la única manera de que Anicorima podía liberarse del dominio y control excesivo de Ninle, con su comunismo abusivo y controlador, era usando la violencia y así aconteció. Había intentado hablar, negociar, dialogar, utilizando medios pacíficos y tradicionales... sin embargo todos fueron infructuosos. Solamente con el uso de la fuerza, que era el método que usaba Ninle para someter a Anicorima, el único lenguaje que él entendía. Así fue como Anicorima consiguió su libertad.

En lo que recupera el conocimiento, ella no se veía a sí misma, toda ensangrentada y hambrienta busca el pedazo de pan del suelo... hace tanto tiempo que no comía pan, sigue instintivamente a la cocina por algo más de comer. Se le había olvidado la sensación de tener algo sólido en la boca y de masticar también. Lo pasa con un vaso de agua fría que se bebe rápidamente, ya se sentía un poco mejor.

Con el hambre ya saciado lo primero que hace es llamar a la policía para informar de lo sucedido con Ninle, ellos llegan en un lapso de treinta minutos a la casa. Anicorima rinde su declaración, relata todos los detalles de su secuestro de cinco días, de cómo fue encerrada tras esa temible puerta roja de hierro, como fue torturada psicológicamente, maltratada y como Ninle estaba matándola de hambre. Les contó con los ojos llenos de lágrimas como Ninle asesinó a su amigo Brigale (la policía había encontrado el cadáver oculto al lado del dispensador de basura en ese momento), les narró como al tratar de escapar Ninle intentó asesinarla y se vio obligada a defender su vida, matándolo en el pasillo del sótano.

La policía retira los cadáveres, realiza todas las pericias correspondientes, al terminar permiten que Anicorima se asee y se quitara las ropas ensangrentadas, que iban a ser examinadas por el laboratorio de criminalística. Pasaron varios días, la empresa donde Anicorima labora la apoyó con dos abogados que llevaron su caso. Luego de todo el largo proceso se determinó que las acciones de Anicorima fueron en defensa propia y quedo exonerada de todos los cargos.

Posteriormente siguió una serie de papeleos y ciertos trámites burocráticos y la casa quedó a nombre de ella. Por primera vez en su vida era libre, tenía una casa propia y podía decidir por ella misma. Una de las primeras cosas que hizo fue botar todas las cosas comunistas de Ninle a la basura, su ropa la regaló a gente que la necesitaba, el socialismo-comunismo había desaparecido en esa casa, ahora sólo se respiraba aire fresco y libertad.

Ese desgraciado e infeliz sótano rojo, Anicorima lo pintó completamente de azul, de manera que ese rojo infernal desapareciera completamente... la terrible puerta que la mantuvo captiva y donde sufrió tantas vejaciones y abusos ahora de un hermoso color azul quedo abierta y nunca se volvió a cerrar.

Primero venia un tiempo de transición para acostumbrarse a su nueva y anhelada situación. Después un renacer, ya Anicorima estando libre de toda opresión podía ser ella misma, y vivir la vida. Los buenos tiempos estaban empezando...

Fin

15

Mensaje Final

Terminando y reflexionando sobre estos temas tan antipáticos y dolorosos para mi persona, les escribo de mis comentarios finales sobre la segunda parte de esta épica realista de cronología de índole político, la segunda parte de la trilogía Aleuzenev. Todo lo escrito aquí, aunque sea utilizando símbolos y metáforas, son de eventos reales en un formato de novela de ficción o crónica particular, una lucha encarnizada de puntos de vista humanos e imperfectos.

Todo lo que pueden ver descrito en este libro está tomado de la realidad, las declaraciones de las personas con quienes Anicorima se encuentra en el Capítulo 4 son todas sacadas de protestas reales que han acontecido en Venezuela, es algo ya normal de todos los días. Es una muestra real de lo que sufren los venezolanos todos los días. Los sucesos detallados sobre el intento fallido de la entrada de la ayuda humanitaria y los viles asesinatos de esas decenas de personas son los sucesos reales de ese fatídico día del 23 de febrero 2019. Los detalles de la información en los debates entre Anicorima (letras azules) y Ninle (letras rojas), son todos verídicos. Así es como piensan los Chavistas-Comunistas-Socialistas Radicales que tienen secuestrada a Venezuela y así es como argumenta una persona liberal que solo desea la libertad y escapar de fanatismos extremos, utilizando la lógica, la razón, el discernimiento y el sentido común.

Anicorima representa a Venezuela (El nombre de Venezuela es femenino y tiene esa mística de femeneneidad elevada), una gran dama apresada por Ninle. Ninle representa a los chavistas, criminales que usan la bandera del socialismo y comunismo para apresarla, tenerla secuestrada por muchos años.

Así como Anicorima estaba siendo sometida a vejaciones, humillaciones, torturas psicológicas, sin poder tener acceso a comida, medicinas, agua, luz eléctrica, normalidad, sin poder elegir como vivir su vida, aterrorizada, sin identidad propia, siendo víctima de la violencia física y psicológica... Así está siendo tratada Venezuela actualmente por esta camarilla de criminales, chavistas y "*Socialistas del Siglo XXI*", relacionados directamente con el narcotráfico, crímenes de lesa humanidad, terrorismo internacional, conformando esta terrible tiranía genocida neocomunista. Todos herederos de ese vil personaje al que me gusta llamarle "*Difunto Galáctico*" (Hugo Chávez), un asesino de 201 personas y el Responsable Supremo de la aguda crisis venezolana de la actualidad.

Venezuela no está sólo secuestrada por los chavistas, hablamos de un país invadido por: *cubanos, chinos, rusos turcos, sirios, iraníes, FARC, ELN, Hezbolla, Hamas, etc.* Se estima que en Venezuela tan solo hay treinta mil cubanos infiltrados en todos los sectores de importancia... Nos referimos a un secuestro elevado a la infinita potencia.

Lo que sucede en Venezuela es un genocidio continuado, lento y cruelmente planificado para matar a todos los venezolanos poco a poco, manteniéndolos en la miseria, la desidia, pasando hambruna con necesidades básicas no atendidas... todo esto para controlarnos y someternos a su gusto. Esto sucede desde las órdenes dictadas en la Habana (Son expertos en mantenerse en el poder por sesenta años en la Isla de Cuba, sometiendo al noble pueblo cubano a la miseria).

Estos hechos acontecen desde que el "*Difunto Galáctico*" le entrego a los Castro el país en bandeja de plata, si lo vemos bien Fidel Castro (asesino sangriento y cruel dictador venerado como un viejito simpático hasta su muerte), Raúl Castro y Miguel Diaz-Canel han sido últimos tres presidentes de Venezuela en los últimos veinte años. La triste verdad es que el "*Difunto Galáctico*" y el "*Usurpador Colombiano*" (Nicolas Maduro), han sido títeres de Cuba.

Ya podrán darse cuenta de que Venezuela no es una democracia normal, todo lo contrario, es una situación anormal y compleja; un caso inédito en la historia del mundo. La verdad es una sola, nosotros solos no podemos defendernos y liberarnos de esta dictadura comunista y genocida, de esta plaga chavista... para obtener nuestra libertad.

Hemos hecho de todo, métodos democráticos y tradicionales de lucha, pacíficos, electorales, mesas de diálogos, marchas, negociaciones. Si hablamos de un Régimen Criminal que utiliza la violencia, la tortura, el terror y la fuerza para mantenerse en el poder... solo con el uso de la fuerza y la violencia (el único lenguaje que conocen los tiranos), es como los venezolanos podemos liberarnos de las cadenas de este socialismo asesino que nos ha aplastado en veinte años de dictadura. Es el único medio por el que Anicorima puede liberarse del método de Ninle.

Los venezolanos no podemos solos, citando a una actriz venezolana llamada Gabriela Vergara en su Instagram: "*Pedirles a los venezolanos que nos liberemos solos es como pedirle a una mujer violada, golpeada, débil, hambrienta y amarrada en un cuarto obscuro, que se libere ella sola de su secuestrador*".

Al final de todos los análisis realistas y concretos lo único verídico es esto: *Venezuela necesita apoyo internacional para poder ser libre.* Exclusivamente podemos liberarnos utilizando la fuerza, nadie lo puede negar. En mi opinión muy personal la única forma de liberar a Venezuela es una fuerza armada que entre para desarmar a los colectivos que mantienen a este Régimen de Terror. Organizando a los miles de militares y policías venezolanos en el exilio. Los cuales, dotados y preparados con ayuda de la comunidad internacional; de forma que puedan entrar al país y liberarlo de esta sanguinaria, populista y cruel dictadura. Tal cual como hizo Simón Bolívar en el Siglo XIX para liberar a Venezuela de la colonia española.

Mientras ustedes leen estas líneas llenas de ansiedad, dolor y sufrimiento, más gente inocente muere en Venezuela. Cada día que pasa y se alarga este secuestro, más gente sufre y muere por falta de alimentos y medicinas, siguen humillando y vejando al pueblo venezolano... ese es el genocidio venezolano.

Finalizo esta tertulia de la misma manera como termine "*Aleuzenev*" el primer libro de esta trilogía aún por finalizar. Espero que cuando finalice el tercer y último libro de esta saga, terminarlo con una nota más esperanzadora y poder decir que ya somos libres:

"Mi país está secuestrado desde hace veinte años por un grupo de personas con un prontuario criminal, comprobadamente relacionados con el narcotráfico, terrorismo internacional, lavado de dinero y crímenes de lesa humanidad. Por tal motivo, nosotros no podemos salir de esta situación solos, es necesario el apoyo de la comunidad internacional; sino este secuestro de treinta millones de personas continuará, de manera que Venezuela seguirá siendo el campo de concentración más grande del mundo en la actualidad".

16

Glosario

Galaxia de Anaciremadus: Galaxia Sudamericana
Algunas Sistemas que la conforman (Países)
Aleuzenev: Venezuela.
Biamoloc: Colombia.
Lisbra: Brasil.
Erpu: Perú.
Elchi: Chile.
Antigenar: Argentina.
Viabol: Bolivia.
Coxemi: México.
Yuariu: Uruguay.
Guacani: Nicaragua.
Manapa: Panamá.
Danagra: Granada.

Galaxia de Aeporeu: Galaxia Europea
Algunas Sistemas que la conforman (Países)
Ñapaes: España.
Arteingla: Inglaterra.

Liata: Italia.

Niamale: Alemania.

Caifran: Francia.

Dalanho: Holanda.

Caramadina: Dinamarca.

Garumor: Noruega.

Ciasue: Suecia.

Triausa: Austria.

Anipolo: Polonia.

Toserami Besara: Emiratos Árabes.

Lagoan: Angola.

Nopja: Japón.

Galaxia de Anaremareton: Galaxia Norteamericana

Algunas Sistemas que la conforman (Países)

Dosumi Dosesta: Estados Unidos.

Nadaca: Canadá.

Galaxia de Aisurnich: Galaxia China-Rusia

Algunas Sistemas que la conforman (Países)

Aisur: Rusia.

Reacon: Corea del Norte.

Anich: China.

Airsi: Siria.

Quiatur: Turquía.

Anich: China.

Nari: Irán.

Aniucra: Ucrania.

Meacri: Crimea.

PERSONAJES PRINCIPALES.

Anicorima: Personaje femenino que representa a Venezuela, esa gran dama que desea ser libre de las infernales cadenas del chavismo. El nombre es un juego de palabras tomado del nombre de la líder opositora María Corina Machado. El perfil psicológico realizado para crear a este personaje, está basado en esta lideresa y en la personalidad de Patricia Poleo, una muy valiente periodista de investigación que me inspiró a escribir la trilogía de Aleuzenev.

Ninle Yurmichael: Es el tío socialista de Anicorima, fanático comunista y opresor de libertades. Representa a los Chavistas que han tenido secuestrado a la fuerza a Venezuela por veinte años. Ninle es el anagrama de Lenin, ese abominable personaje que trajo el comunismo destructor con su Revolución Bolchevique de 1917.

Brigale: El mejor amigo de Anicorima, ambos representan a la juventud de Venezuela que ha crecido en dictadura, sin libertad y sin manera alguna de tener sus propias vidas, siempre estando secuestrados e imposibilitados de hacer una vida normal. Su sangriento asesinato a manos de Ninle, es una representación metafórica de los 200 jóvenes que murieron asesinados por la dictadura chavista durante las protestas del año 2014 y 2017. Estos son sus nombres:

Los héroes caídos, que fueron asesinados en las Protestas del año 2014.

- Héctor Moreno. *
- Bassil Da Costa.

- Roberto Redman.
- José Ernesto Méndez.
- Genesis Carmona.
- Geraldine Moreno.
- Alejandro Márquez.
- Wilmer Carballo.
- Jimmy Vargas.
- Antonio Valbuena.
- Joan Quintero.
- Giovanni Pantoja.
- Deivis Duran Useche.
- José Gregorio Amaris.
- Acner López.
- Daniel Tinoco.
- Jesús Acosta.
- Ramsor Bracho.
- José Guillen Aranguren.
- Anthony Rojas.
- Jorge Steven Colina.
- Wilfredo Rey.
- Argenis Hernández.
- Ángelo Vargas.
- Roberto Annese.
- Franklin Romero.
- Josué Farías.
- Mariana Ceballos.

Héctor Moreno es el primer estudiante asesinado el 05/01/2014, estudiaba en la Facultad de Ciencias Económicas y Sociales de la Universidad de Los Andes (ULA) en el Estado Mérida, no aparece en los listados oficiales de las víctimas mortales de las protestas, por considerar que oficialmente iniciaron el 12 de febrero de ese fatídico año.

Los héroes caídos, que fueron asesinados en las Protestas del año 2017.

- Jairo Ortiz.
- Daniel Queliz.
- Brayan Principal.
- Gruseny Calderón.
- Carlos Moreno.
- Paola Ramírez.
- Mervins Guitian.
- Kevin León.
- Francisco González.
- José Gutiérrez.
- Ángel Lugo Salas.
- Estefany Tapias.
- Natalie Martínez.
- Renzo Rodríguez.
- Jackson Hernández.
- Johan Medina.
- Christian Ochoa.
- Juan Pablo Pernalete.
- Armando Cañizales.
- Hecder Lugo.
- Miguel Medina.
- Anderson Dugarte.
- Miguel Castillo.
- Luis Alviarez.

- Diego Hernández.
- Yeison Mora.
- Diego Arellano.
- Paul Moreno.
- Daniel Rodríguez.
- Edy Terán.
- Yorman Bervecia.
- Miguel Bravo.
- Freiber Pérez.
- Erick Molina.
- Adrián Duque.
- Augusto Pugas.
- Manuel Sosa.
- Cesar Pereira.
- Luis Gutiérrez.
- Yoiner Peña.
- Neomar Lander.
- Luis Vera.
- José Gregorio Pérez.
- Nelson Arévalo.
- Fabian Urbina.
- David Vallenilla.
- Isael Macadán.
- Roberto Duran.
- Eduardo Márquez.
- Engelberth Duque.
- Jonathan Giménez.
- Rubén González.
- Oswaldo Britt.
- Xiomara Scott.
- Andrés Uzcátegui.
- Jean Carrillo.
- Rafael Balza.
- Enderson Calderas.
- Jean Carlos Aponte.

- Gilimber Terán.
- José Pestano.
- Rafael Canache.
- José Leal.
- Marcel Pereira.
- Iraldo Gutiérrez.
- Wilmer Smith.
- Luis Ortiz.
- Ender Peña.
- Luis Beltrán.
- José Sánchez.
- Juan Monges.
- Haider Ocando.
- Antonio Labrador.
- Jhonny Colmenares.
- Ramon Rivas.
- Eduardo Orozco.
- Luis Espinoza.

Listado tomado de:

http://runrun.es/rr-es-plus/306415/infografia-y-mapa-muertos-en-protestas-en-venezuela.html

http://runrun.es/rr-es-plus/319427/fotos-infografia-y-mapa-muertos-en-protestas-en-venezuela-parte-dos.html

Revisado por última vez el 17/06/2018

OTROS PERSONAJES.

Líder Supremo Zevach o Comandante Zevach: Hugo Chávez. Es simplemente un asesino que nunca pagó justamente todas las muertes y crímenes de lesa humanidad, de las cuales fue responsable. Creador y responsable supremo del plan actual destructor de Venezuela.

Yeir Oromud: Nicolás Maduro, presidente ilegitimo de Venezuela, lo de Rey (Yeir), es a modo de sarcasmo y de burla. Formado ideológicamente en Cuba, siendo adoctrinado entre 1986 y 1987 al ser parte de la Escuela de Formación Política en la Habana. Su presencia como presidente es más para defender y representar los intereses de la dictadura cubana en Venezuela. Se sabe por pruebas verificadas que no es venezolano, nunca ha presentado su partida de nacimiento. Según las pruebas revisadas y los documentos sobre la nacionalidad colombiana de su madre, es colombiano de acuerdo con el Articulo 96 de la Constitución de Colombia:

Artículo 96. Son nacionales colombianos:
1. Por nacimiento:
a) Los naturales de Colombia, que con una de dos condiciones: que el padre o la madre hayan sido naturales o nacionales colombianos o que, siendo hijos de extranjeros, alguno de sus padres estuviere domiciliado en la República en el momento del nacimiento y;

b) Los hijos de padre o madre colombianos que hubieren nacido en tierra extranjera y luego se domiciliaren en territorio colombiano o registraren en una oficina consular de la República.

2. Por adopción:
a) Los extranjeros que soliciten y obtengan carta de naturalización, de acuerdo con la ley, la cual establecerá los casos en los cuales se pierde la nacionalidad colombiana por adopción;
b) Los Latinoamericanos y del Caribe por nacimiento domiciliados en Colombia, que con autorización del Gobierno y de acuerdo con la ley y el principio de reciprocidad, pidan ser inscritos como colombianos ante

la municipalidad donde se establecieren, y;
c) Los miembros de los pueblos indígenas que comparten territorios fronterizos, con aplicación del principio de reciprocidad según tratados públicos.

Ningún colombiano por nacimiento podrá ser privado de su nacionalidad. La calidad de nacional colombiano no se pierde por el hecho de adquirir otra nacionalidad. Los nacionales por adopción no estarán obligados a renunciar a su nacionalidad de origen o adopción. Quienes hayan renunciado a la nacionalidad colombiana podrán recobrarla con arreglo a la ley.

De acuerdo con las investigaciones hechas por varias personas, entre las cuales destaca la de la periodista venezolana Nitu Pérez Osuna, lo más posible es que nació en Cúcuta, aunque no se ha podido verificar bien del todo. Nunca se ha naturalizado venezolano, por tal motivo al tener doble nacionalidad venezolana-colombiana, no puede ejercer la presidencia de Venezuela y está usurpando ilegalmente el cargo. Todo esto de acuerdo al Artículo No. 41 y No. 227 de la Constitución de Venezuela de 1999:

Artículo 41. Sólo los venezolanos y venezolanas por nacimiento y sin otra nacionalidad, podrán ejercer los cargos de Presidente o Presidenta de la República, Vicepresidente Ejecutivo o Vicepresidenta Ejecutiva, Presidente o Presidenta y Vicepresidentes o Vicepresidentas de la Asamblea Nacional, magistrados o magistradas del Tribunal Supremo de Justicia, Presidente o Presidenta del Consejo Nacional Electoral, Procurador o Procuradora General de la República, Contralor o Contralora General de la República, Fiscal General de la República, Defensor o Defensora del Pueblo, Ministros o Ministras de los despachos relacionados con la seguridad de la Nación, finanzas, energía y minas, educación; Gobernadores o Gobernadoras y Alcaldes o Alcaldesas de los Estados y Municipios fronterizos y aquellos contemplados en la ley orgánica de la Fuerza Armada Nacional.

Artículo 227. Para ser elegido Presidente o Presidenta de la República se requiere ser venezolano o venezolana por nacimiento, no poseer otra nacionalidad, ser mayor de treinta años, de estado seglar y no estar sometido o sometida a condena mediante sentencia definitivamente firme y cumplir con los demás requisitos establecidos en esta Constitución.

Líder Supremo Ortsac o Comandante Ortsac: Fidel Castro, su muerte el 25/11/2016 no sirvió de nada, ya que el sistema dictatorial comunista cubano sigue vivo y oprimiendo al pueblo cubano.

Lura: Raúl Castro, quedó encargado de la dictadura cubana al dejarle Fidel Castro el poder, hasta pasarle la antorcha a Miguel Diaz-Canel el 19/04/2018.

Che Ravague: Ernesto "*Che*" Guevara, un asesino comprobado históricamente. Desgraciadamente, recordado por muchas personas izquierdistas hoy en día, como un héroe guerrillero romantizado.

Dellane: Salvador Allende, Político Socialista de Chile que estuvo ejerciendo la presidencia entre 1970 y 1973. Tenía una amistad muy grande con Fidel Castro, la economía la estaba destrozando con sus políticas comunistas y socialistas y pactando el crecimiento del proyecto comunista en la región, junto con el apoyo de la dictadura cubana. Hasta el día del golpe de estado de Augusto Pinochet el 11/09/1973.

Talisba: Fulgencio Batista, el dictador cubano derrocado por Fidel Castro en 1959.

Ninle: Lenin, dictador e impulsor del comunismo a inicios del siglo XX, al liderizar la Revolución Bolchevique en 1917.

Ninstal: Joseph Stalin, continuador del comunismo en la Unión Soviética luego de la muerte de Lenin.

Limimouso: Benito Mussolini, dictador italiano muerto el 28/04/1945. Su movimiento político e ideología Fascista que tanto daño hizo en su país, fue directamente inspirado en el Marxismo.

Lerhit: Adolfo Hitler, uno de los genocidas más grandes de la historia. El Nazismo también fue inspirado grandemente por el Marxismo.

Raxm: Karl Marx, uno de los filósofos que más daño le ha hecho al mundo con su marxismo y comunismo, producto de su creación. El mundo fuera un mejor lugar hoy en día, si el comunismo jamás hubiese existido.

Gelens: Friederich Engels, otro filosofo socialista que le hizo mucho daño al mundo con sus ideas, fue más que todo el que mantuvo económicamente a Karl Marx que en un momento de su vida, no quiso trabajar más por flojo.

Oma Dung: Mao T-Se Dung, responsable de uno de los genocidios más grande de la historia de la humanidad. Se estima que en los treinta y tres años que duró su fatal dictadura comunista, que hubo un genocidio de setenta millones de personas en China.

Nigp Aoix Neg: Deng Xiao Ping, fue el líder del sistema comunista socialista chino entre 1978 y 1997. Responsable en abrir la economía hacia el capitalismo, pero manteniendo la dictadura comunista para controlar a la población china, sin ningún tipo de libertades.

Los Ortsac: Los Castro, familia que tiene secuestrada la Isla de Cuba desde 1959 hasta nuestros dias, violando derechos humanos a diestra y siniestra, sin que le importe nada a la Comunidad Internacional.

Los Gonj: La dinastía Kim, familia que tiene secuestrada a Corea del Norte desde 1948 e imponiendo un cruel régimen dictatorial socialista - comunista. Kim Il Sung, el primer "*Líder Supremo de la República Popular Democrática de Corea*" desde 1948 hasta 1994. Kim Jong-Il, el segundo "*Líder Supremo de la República Popular Democrática de Corea*" desde 1994 hasta 2011. Al estar ambos fallecidos, tienen el cargo honorífico póstumo de "*Presidente Eterno de la República*", actualmente ejerciendo el cargo a pesar de estar muertos. El tercer y actual "*Líder Supremo de la República Popular Democrática de Corea*" desde 2011 es Kim Jong-Un. Al igual que Cuba, la Comunidad Internacional se hace la vista gorda y permite que se sigan violando los derechos humanos y que se esclavicen cruelmente a los norcoreanos.

Gelhe: Georg Wilhelm Friedrich Hegel, filósofo alemán conocido por sus aportes en la dialéctica y en el materialismo histórico.

Sausour: Jean-Jacques Rousseau, filosofo francosuizo que con sus ideas políticas influyó grandemente en la Revolución Francesa, desarrollo ideas republicanas y también se acercó al totalitarismo. Una de las fuentes inspiradoras de Marx, para la posterior creación del Comunismo.

Keyha: Friedrich Hayek, muy conocido economista y autor, defensor del liberalismo, al criticar la economía planificada y el socialismo.

Gnetaimot: Michel de Montaigne, filósofo francés del Renacimiento. Creador del género literario conocido como Ensayos.

Lovaquiema: Nicolas Maquiavelo, filosofo político italiano considerado el padre de la Ciencia Política Moderna.

Ciofunoc: Confucio, pensador chino que dictó las normas de conducta para la sociedad china. Creador de la Escuela Filosófica conocida como el Confucionismo.

Chilchur: Winston Churchill.

Anogale: Eduardo Galeano, escritor uruguayo que publicó *"Las Venas Abiertas de América Latina"* en 1971, libro que hizo mucho daño en esa década impulsando el izquierdismo y socialismo en la región. En el año 2014 el mismo autor se disculpó por haberlo escrito.

https://elpais.com/cultura/2014/05/05/actualidad/1399248604_150153.html

Revisado por última vez el 17/04/2019

Varlibo: Simón Bolívar.

Timar: José Martí.

Lalu: Luis Ignacio Lula Da Silva, expresidente de Brasil y miembro del club de los países del *"Socialismo del Siglo XXI"*, actualmente se encuentra en la cárcel al ser imputado por varios casos de corrupción.

Remishk: Los Kirshner, también miembros del club de los países del "*Socialismo del Siglo XXI*", estuvieron doce años en el poder en el que casi destruyeron a Argentina.

Sacarac: Caracas, la ciudad capital de Venezuela.

Anavah: La Habana, Ciudad Capital de Cuba. Fue el primer país extranjero que visitó Hugo Chávez luego de ser liberado en 1994, pactando así el plan de dominación cubana sobre Venezuela.

Subterráneo de Sacarac: Metro de Caracas.

Noiunov Catisov: Unión Soviética.

Asca Cablan: Casa Blanca.

Gaishan: Shanghai.

Maro: Roma

Tonishaw: Washington.

Sierra Trames: Sierra Maestra.

Bocaimar: Ciudad de Maracaibo, Venezuela.

Sagvar: Estado Vargas, Venezuela.

Nasozama: Estado Amazonas, Venezuela.

Tonishaw: Washington.

MISCELANEOS.

Goldast: Petróleo.

Seraviles: Bolívares, la moneda oficial de Venezuela. Una de las más depreciadas y devaluadas del planeta actualmente.

Seradoles: Dólares.

Variboriano: Bolivariano.

Biamolociana: Colombiana.

Zevachista: Chavista.

Zevachismo: Chavismo.

Carnet Rojo: El Carnet de la Patria, medio de control social empleado por la dictadura chavista para crear una dependencia externa del estado y mantenerlos sometidos en todo momento; dependiendo de las cajas de comida y los bonos esporádicos, limosnas que dan los comunistas a cambio de la esclavitud y la servidumbre.

Revisado por última vez el 07/04/2019

http://www.carnetdelapatria.org/

https://www.carnetdelapatria.info/

Mimasyanoma: Yanomamis, etnia indígena americana localizada en el Estado Amazonas en Venezuela y en Romaira (Brasil).

Elenfarc: Farc y ELN, que están muy cómodos protegidos en Venezuela, bajo las narices de las autoridades chavistas socialistas.

Goldast de Aleuzenev: Petróleo de Venezuela (PDVSA).

Plan Lavia: Plan Ávila, ordenado por Hugo Chávez en 11/04/2002 para colocar francotiradores en los edificios para disparar y detener a la marcha de un millón de personas que se dirigía al Palacio de Miraflores.

Organización de Sistemas Unidos (OSU): Organización de las Naciones Unidas (ONU) o la Organización de Estados Americanos (OEA).

Goldast-Anaciremadus: Petrocaribe.

Alianza Varliboriana de los Pueblos (AVP): Alianza Bolivariana para los Pueblos de Nuestra América (ALBA).

Comunidad de Sistemas Anaciremadusianos (CSA): Comunidad de Estados Latinoamericanos y Caribeños (CELAC).

Unión de Sistemas de Anaciremadus Nacionales (USAN): Unión de Naciones Suramericanas (UNASUR).

Colegio Electoral Aleuzeviano (CEA): Consejo Nacional Electoral (CNE).

Sistemas de Aduanas y Tributos (SAT): Servicio Nacional Integrado de Administración Aduanera y Tributaria (SENIAT).

Comunidad de Sistemas Internacionales: Comunidad Internacional.

Divica: Comisión Nacional de Administración de Divisas (CADIVI).

Ortsacista: Castrista.

Raxmismo: Marxismo.

Carmatismo: Macartismo.

2G: G2 cubano, servicio de inteligencia cubano hoy totalmente infiltrado en Venezuela.

Quevilabo: Bolchevique.

Enfermedad de Dalanho: Enfermedad Holandesa, efectos perniciosos provocados por un aumento significativo en los ingresos en divisas de un país.

Dinastía Ginch: Dinastía Ching.

Pingtai y Nautyie: Reino Celestial de Taiping y Yietuan.

Zina/ Zinasista: Nazi.

Zinasismo: Nazismo.

Cifat/ Cifatista: Fascista.

Cifatismo: Fascismo.

Retwitt: Twitter.

Kobface: Facebook.

Llabozeh: Hezbolla.

Ninlenismo: Leninismo.

Trancol: Coltán.

Timarianas: Martianas.

OTROS TITULOS DE GABE CALDREN

- **Hijo de Satán** (Novela de Terror / Suspenso).
- **Diario de un Maldito Liberal Irresponsable** (Novela Corta).
- **Amor Azul Quebrantado** (Novela Romance / Drama).
- **Amor Purpura Lejano** (Novela Romance / Drama).
- **Amor Rojo Apasionado** (Novela Romance / Drama).
- **Advertencia Ignorada** (Thriller Político / Suspenso).
- **Aleuzenev** (Thriller Político / Suspenso).
- **Cuentos Cortos, Alegres y Depresivos** (Historias Cortas).
- **Broktown** (Novela de Terror / Suspenso).

Conoce más sobre Gabe Caldren en su Página Web

https://gcaldrenauthor.wixsite.com/book/biografia

Twitter:
https://twitter.com/GCaldren
Youtube:
https://www.youtube.com/channel/UCZA0vlNd0fadatmb-fEnUqw?view_as=subscriber
Facebook:
https://www.facebook.com/gabe.caldren.9
Instagram:
https://www.instagram.com/gabecaldren/
Email:
gcaldrenauthor@gmail.com
LinkedIn:
https://www.linkedin.com/in/gabe-caldren-3445b1192/

CRONOLOGIA PRINCIPAL

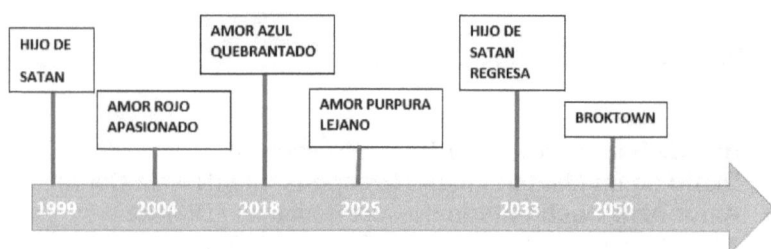

CRONOLOGIA ALEUZENEV

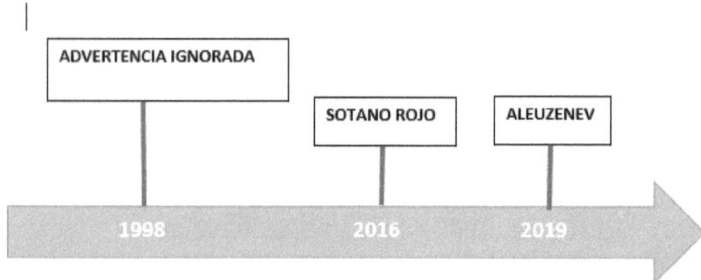